AF403502

RAITÉ

DES

UNUQUES,

DANS LEQUEL

n explique toutes les différentes fortes
d'Eunuques, quel rang ils ont tenu,
& quel cas on en a fait, &c.

n éxamine principalement s'ils font propres
au Mariage, & s'il leur doit être
permis de fe marier.

t l'on fait plufieurs Remarques curieufes &
divertiffantes à i'occafion des

EUNUQUES, &c.

Par M***. D***.

Imprimé l'an M. DCC. VII.

EPITRE

DEDICATOIRE

A

Mr. BAYLE.*

MONSIEUR,

J'ai à vous rendre compte de deux cho-
ses qui me justifieront envers vous de la
liberté que je prens de vous adresser cet
Ouvrage, & qui nous justifieront l'un &
l'autre envers le Public, si vous trouviez
à propos de le faire mettre sous la Pres-
se pour lui en faire part.

La prémiére, que je ne me suis point
ingéré de mon chef à traiter le sujet qui
fait la matiére de cet Ouvrage; l'occa-

* 2   *sion*

---

* Comme l'illustre Mr. Bayle étoit encore en
vie quand cette Dédicace a été faite, on n'a pas
trouvé qu'il fût nécessaire d'y rien changer,
quoi qu'il soit mort depuis.

fion qui m'y a engagé eft affez fingulière.
Il y avoit autrefois ici plufieurs Eunuques Italiens, Muficiens, qui y faifoient groffe figure. Ils fe flattérent de faire de grandes & d'illuftres Conquêtes, mais ils fe trompérent ; nos Dames ne fe laifférent point éblouïr, & ne fe payérent point de la bagatelle. * Un Gentilhomme François d'un efprit gai & enjoué les en railla par ces Vers jolis & pleins de fel.

Je connois plus d'un Fanfaron
 A crête & mine fiére,
Bien dignes de porter le Nom
 De la Chaponardiére.
Crête aujourd'hui ne fuffit pas
 Et les plus fimples Filles,
De la Crête font peu de cas
 Sans autres Béatilles.

 Cependant il y en a eu une qui s'eft laiffé charmer, & qui a prêté l'oreille aux propofitions de mariage qui lui ont été faites par un des Eunuques. Une Perfonne que je confidére beaucoup, m'ayant prié de lui dire mon avis, & de le lui donner raifonné par écrit, en forme de confultation, pour détourner cette jeune fille

fa

* Mr. de Montpinffon.

DEDICATOIRE.

*parente du deſſein qu'elle avoit d'en-
er dans un tel engagement, ou en tout
as pour s'en ſervir ailleurs en cas de be-
oin. J'y ai travaillé avec plaiſir, &
j'ai trouvé qu'inſenſiblement j'avois fait un
Livre, de ſorte qu'au lieu de laiſſer mon
Ouvrage ſous la forme qu'on me l'avoit
demandé, je lui ai donné celle qu'il a
préſentement. Je vous avouë que l'extrait que l'illuſtre Mr. de Beauval a donné * du Livre de Mr. Bruknerus intitulé,
Déciſions du Droit Matrimonial, n'a
pas peu contribué à m'engager dans un
examen éxact de cette queſtion. J'aurois extrémement ſouhaité qu'il eût bien
voulu dire ce qu'il en penſe, & peut-
être lui en fournirai-je l'occaſion par ce
petit Eſſai lors qu'il en donnera l'extrait.*

*Les Perſonnes ſcrupuleuſes trouveront
peut-être que c'eſt là plûtôt l'occupation
d'un homme oiſeux, que d'un curieux
qui cherche à s'inſtruire.* Hujuſmodi
hærere quæſtionibus non tàm ſtu-
dioſi quàm otioſi hominis eſſe videtur, *comme parloit Saint Jérôme conſulté par Vitalis ſur la fécondité préma-
turée d'Achas. Ainſi il eſt bon de les*

* 3

pré-

* * *

* Hiſtoire des Ouvrages des Savans, Mois de
Janvier, Fevrier & Mars 1706. pag. 84. & ſuiv.

prévenir, ou de les détromper, en leur apprenant que la vocation de l'éxaminer m'a été légitimement adreſſée.

Ce n'eſt pas que je cruſſe avoir fait un mal, quand je me ſerois aviſé, pour me divertir, & pour changer mes occupations ſérieuſes dans une étude plus divertiſſante, de traiter cette matiére. Le Docte Mollerus a fait un Livre qui a pour titre, Diſcurſus duo Philologico-Juridici, prior de Cornutis, poſterior de Hermaphroditis eorumque jure, uterque ex jure Divino, Canonico, Civili, variiſque hiſtoriarum monumentis, horis otioſis congeſti à M. Jacobo Mollero. Et cet Ouvrage n'a point deshonoré ſon Auteur, ni diminué l'eſtime que le Public avoit pour lui. Il eſt difficile, je l'avouë, de parler des Eunuques ſans dire certaines choſes capables de choquer un peu la pudeur d'une femme. Mais à l'égard de l'Auteur cela ne lui fait aucun tort, il s'en faut beaucoup que ſon Livre contienne des ordures & des ſaletez ſemblables à celles qui ſont dans les Priapeia, ſur leſquels Joſeph Scaliger, l'un des plus grands Hommes des Siécles paſſez, a fait des annotations, ſans perdre ſa réputation. Et à l'égard des femmes, ce

qu'on

qu'on dit de libre & de naturel eſt ex-
primé en Latin, qui eſt une Langue peu
entenduë parmi elles. Mais quand on
auroit été obligé de s'exprimer en termes
capables de bleſſer la pudeur la plus ſcru-
puleuſe, s'enſuivroit-il qu'il auroit fallu
ſe diſpenſer de diſcuter un Droit ſur lequel on voit aſſez ſouvent fonder des diſ-
putes importantes, & laiſſer les choſes,
à cet égard dans le doute & dans la
confuſion? Certes je ne crois pas que perſonne le prétende ainſi : en tout cas cette
prétention ſeroit auſſi ridicule que celle
de certaines gens qui aimeroient mieux
qu'on eût laiſſé périr, ou ſouffrir tout le
genre humain, que d'avoir fait des Traitez de Médecine & de Chirurgie, qui
le conſerve, qui le préſerve, & qui le
ſoulage, parce qu'on a été obligé de nommer les choſes par leur nom & ſans dé-
guiſement, & de parler à découvert de
toutes les parties les plus ſecrettes du
corps humain. J'eſpére que le Public ſe-
ra équitable ſur ce ſujet. J'aurois eu plus
à craindre du redoutable Mr. Bernard
que d'aucun autre, parce que je connois
ſa délicateſſe & ſa ſévérité, qui ne pardon-
nent point les moindres fautes, & qui
en trouvent même dans des choſes qui ont
l'approbation des gens qu'il croit aiſé-

 ment

ment être d'un goût au deſſous du ſien.
Mais que pourra-t-il me dire, lui qui annonce avec tant de ſoin un Livre qui a
pour tître *, les Cérémonies du mariage telles qu'on les pratique préſentement dans toutes les parties du Monde, Ouvrage très divertiſſant, ſur
tout pour les Dames, écrit en Italien par le Sr. Gaya, troiſiéme Edition, à laquelle on a ajoûté d'amples
Notes & des Remarques ſur le Mariage, avec le Miroir des perſonnes
mariées, ou les Avantures capricieu-
ſes du Chevalier H..... avec ſes ſept
femmes, écrites par lui-même dans
le tems de ſa priſon, & miſes en
Anglois moderne par Mr. Thomas
Brown, in 8. pag. 161. & d'avertir
enſuite le Public, que les notes qu'on
a miſes au bas des pages ſont très
enjouées, & qu'on n'y épargne pas
les Prêtres. On ſçait combien de con-
tes ſales on a accoûtumé de faire ſur leur
ſujet, & combien de vilenies on met ſur
leur comte. Je ne ſçai point au reſte,
ſi ce Docteur Thomas Brown dont Mr.
Bernard fait ici mention, eſt ce ſavant
Mr. Brown Chanoine de Windſor, Ami
intime de Mr. Iſaac Voſſius qui lui a dé-
dié ſon Traité des Oracles Sybillins, ou

ces

* Nouv. de la Répub. des Lett. Janv. 1704. p. 117.

DEDICATOIRE.

cet Ecoſſois qui a fait un Traité des Fiè-
vres continuës imprimé à Edimbourg en
1695 , ou ſi c'eſt ce Thomas Brown
Docteur Anglois qui a fait la Religion
du Médecin. Ce qui me feroit douter
que ce fût le prémier , ſeroit qu'il ne s'eſt
appliqué qu'à des Etudes graves & ſérieuſes , comme on le remarque par ce que
Colomiez dit de lui dans ſa Bibliothéque choiſie. Ce qui me feroit douter auſſi
que ce fût le ſecond , c'eſt la timidité
qu'il fait paroître dans la Préface de ſon
Livre , en y déclarant qu'il a eu bien de
la peine à ſe réſoudre à produire cet eſſai
touchant les Fiévres continuës ; qu'il re-
doutoit le génie railleur & Satirique
ſi commun à ceux de ſa Nation ; Que
la même frayeur étouffe tous les jours des
productions très dignes de voir le jour.
Qu'il s'eſt pourtant déterminé à paroître
en public pour ne pas ſortir du monde
comme un Citoyen inutile & pareſſeux.
Qu'il hazarde ce ſyſtême nouveau , &
qu'il ſacrifie ſes ſcrupules à l'utilité publique. Et ſi c'eſt le troiſiéme , vous
ſçavez , Monſieur ce qu'en a dit Patin,
car vous le rapportez dans vos Nouvelles de la République des Lettres * , C'eſt,
dit-il,

* 5

* Nouvelles de la République des Lettres tom.
5. Mois d'Avril 1684. pag. 117.

dit-il, un Mélancholique agréable en ses penſées, mais qui à mon juge-ment cherche Maître en fait de Re-ligion comme beaucoup d'autres, & peut-être qu'enfin il n'en trouvera aucune. Il faut dire de lui ce que Philippe de Comines a dit du Fon-dateur des Minimes, l'Hermite de Calabre François de Paule, il eſt en-core en vie, il peut auſſi-bien em-pirer qu'amender. *On a mis cette pen-ſée de* * *Patin dans le Patiniana un peu déguiſée à l'égard du tour & de l'ex-preſſion, mais la même abſolument dans le fond. Si,* dis-je, *c'eſt ce Thomas Brown Auteur du Livre intitulé,* Reli-gio Medici, *qu'on pourroit intituler auſſi-bien,* Medicus Religionis, *com-me il eſt dit dans le Patiniana, qui a traduit en Anglois moderne, ces Céré-monies du Mariage que Mr. Bernard annonce avec tant de ſoin, & ſi obli-geamment au Public, c'eſt apparemment un Livre dont la matiére n'eſt pas trop chaſte, ni les expreſſions trop ſcrupuleu-ſes & trop châtiées. Je n'en parle que par conjecture, car j'avouë que la récom-mandation de Mr. Bernard ne m'a point engagé à le chercher, à l'acheter, & à*

le

se lire. Je ne connois que ces Brown.
Il y a bien un Docteur en Théologie ori-
ginaire du Palatinat & présentement
Professeur en Langue Hébraïque dans l'A-
cadémie de Groningue, Auteur de quelques Dissertations très curieuses, qui se
nomme Brawn ; mais Mr. Bernard
est trop éxact pour avoir confondu Brown
avec Brawn, quelque ressemblance qu'il
y ait dans ces noms, & quelque facilité
qu'il y ait à s'y méprendre.

La seconde chose dont j'ai à vous rendre
compte, est le motif qui me porte à vous
adresser cet Ouvrage. Je n'en ai point
d'autre, Monsieur, que l'estime toute particuliére que j'ai pour vous, & le cas que
je fais de l'amitié dont vous m'honorez.
Je me suis flatté que vous ne voudriez
pas laisser paroître en public un Livre qui
pourroit nuire à la réputation de son Auteur, qui est un de vos anciens Amis,
& qui se repose sur vous du soin de l'é-
xaminer & de juger s'il mérite d'être
mis sous la Presse : & je me suis persuadé que si vôtre jugement lui étoit favorable, je n'avois rien à craindre de la
part du Public, parce que je pouvois es-
pérer une approbation générale, ou en
tout cas être assuré d'avoir en vous un
puissant appui contre le mauvais goût &

contre

EPITRE DEDICATOIRE.

contre la Critique maligne, qui pourroient m'entreprendre. Je n'ai garde de faire ici votre Panégyrique à l'imitation de ceux qui font des Epîtres Dédicatoires, vos propres Ouvrages font votre Eloge, & le jugement favorable & glorieux que le Public en fait, vous eſt infiniment plus honorable que toutes les louanges qu'on pourroit vous donner dans une Epître. Je finis donc celle ci en vous aſſurant que je me fers avec plaiſir de cette occaſion que j'ai ſouvent recherchée de pouvoir vous donner un témoignage public de la conſidération toute particuliére avec laquelle je ſuis,

MONSIEUR ,

Vôtre très humble &
très obéiſſant fer-
viteur,
C. D'OLLINCAN.

DES

ESSEIN ET DIVISION

DE

L'OUVRAGE.

LE * Droit Canon traitant des mariages qui se contractent par Procureurs, ordonne & prescrit des précautions très grandes qu'il fonde sur cette raison, *qu'il s'agit d'une affaire grave, difficile & importante, qui peut avoir des suites très dangereuses.* Propter magnum quod ex facto tam arduo posset periculum imminere.

Le Droit Civil ne donne pas une idée moindre du Mariage, il le considére comme l'action de la vie la plus considérable, & qui demande le plus de réfléxion ; comme un Port favorable, ou comme un naufrage malheureux ; comme une chose bien hazardeuse où toute la prudence humaine se réduit ordinairement à des vœux & à des souhaits. † *Magnum sane excellensque donum à Deo Creatore ad mortales promanavit Matrimonium.*

D'un côté le mariage étant l'Ouvrage

* Capitul. 9. tit. 19. de procuratoribus lib. 1. Sexti Decretal.   † Imperat. Leonis constitut, 26. in princip.

vrage de Dieu qui a uni les deux féxes, & qui confidérant qu'il n'étoit pas bon que *l'homme fût feul*, lui a donné un *être femblable* à lui ; leur a ordonné à l'un & à l'autre de *croître* & de *multiplier*, & a imprimé en eux un defir violent de s'unir enfemble pour la propagation de leur efpéce. Cette union ne doit point être fortuite & commune, comme celle des animaux deftituez de raifon ; elle ne doit point être produite par une affection brutale, par une volonté déréglée ; elle ne doit point avoir pour but de mettre en fûreté des plaifirs impurs, & de les couvrir d'un nom fpécieux & honorable. Ce doit être une conjonction chafte, réligieufe, fainte, pleine de piété & de bénédictions ; n'ayant pour but que d'éxécuter les ordres de Dieu, qui eft fon Auteur & fon Protecteur. L'Eglife n'approuve & n'autorife que les Mariages de ce dernier caractére, ils ont pour eux la faveur publique, au lieu que les autres n'ont pour eux qu'une haine générale, un mépris très grand, & fouvent les malédictions & l'hórreur des gens de bien.

De l'autre, comme le Mariage eft

le

DE L'OUVRAGE.

e fondement de l'Eglife , puis qu'il eft appellé par quelques Théologiens *Venter Ecclefiæ* * qui lui engendre des enfans. Et de la Société civile, en ce qu'il eft la fource des hommes, qu'il éternife le monde, & qu'il donne des héritiers légitimes aux Citoyens, il ne faut pas s'étonner fi l'Eglife & la Société Civile s'intéreffent dans ce qui le concerne ; fi elles en réglent les commencemens, le cours, & les fuites, & fi elles ont pourvû fagement aux inconvéniens qui pourroient naître de l'ignorance des hommes, ou de leur malice.

L'Eglife & la Société Civile ne laiffent pas la liberté à tout le monde de faire à cet égard tout ce qu'il lui plaît. † *Semper in conjunctionibus non folum quid liceat confiderandum eft, fed & quid honeftum fit.* Elles ne permettent point qu'on donne atteinte à la Juftice, à l'ordre, au bien, à l'utilité, & à l'honnêteté publiques. Elles ont établi des Loix qui les déclarent bons, ou mauvais, juftes, ou injuftes , légitimes, ou criminels. Qui les permettent, ou qui les deffendent , qui les confirment,

ment,

* Novel. 21. tit. 1. de Nuptiis. In præfat.
† L. 197. de diverf. regul. Jur.

ment, qui les authorifent, qui les protégent, ou qui les caffent, qui les annullent, & qui puniffent ceux qui les ont contractez.

Pour répondre au but que je me propofe, il s'agit ici de voir dans quel de ces rangs on doit mettre le Mariage des Eunuques. Voici donc le plan général que j'ai deffein de fuivre pour éclaircir cette matiére, & pour la régler par une décifion inconteftable & certaine. Ce Traité fera divifé en trois Parties.

Dans la premiére j'éxaminerai ce que c'eft qu'un Eunuque, de combien de fortes il y en a, quel rang ils ont tenu & tiennent dans la Société Eccléfiaftique & Civile ; & quelle confidération on y a eu, & on y a actuellement pour eux.

Dans la feconde, je difcuterai leur droit par rapport au Mariage, & j'éxaminerai s'il doit leur être permis de fe marier.

Dans la troifiéme enfin, je rapporterai les Objections qui pourroient être faites contre les maximes que j'aurai avancées, & contre les décifions que j'aurai établies, & je tâcherai de les réfoudre, & de lever les difficultez qui pourroient y donner atteinte   TA-

ABLE

DES

CHAPITRES

Contenus dans cet Ouvrage.

PREMIERE PARTIE.

bles

SECONDE PARTIE.

CHAPITRES.

TROISIEME PARTIE.

Objections.

Fin de la Table.

TRAL

TRAITÉ
DES
EUNUQUES,

ans lequel on éxamine principalement s'il doit leur être permis
de se marier.

PREMIÉRE PARTIE.

CHAPITRE PREMIER.

S'il y a des *Eunuques*, & de-
puis quel tems il y en a.

L est de l'ordre de faire voir qu'il y a
des Eunuques avant que d'entreprendre
d'en faire la description, & que de rai-
onner sur leur sujet ; Puis que selon le
ntiment des Philosophes il est ridicule de
isonner d'une chose avant que de sça-
oir si elle éxiste.

Il y a plus de quatre mille ans qu'on
arle d'Eunuques dans le Monde ; l'His-
oire Sainte & l'Histoire Prophane sont
ention d'une infinité de personnes de
cette nature, qu'elles ne mettent ni au rang

A

des

des hommes, ni au rang des femmes, & qu'el.
les appellent *une troisième sorte d'hommes*. On
en a vû en si grand nombre dans tous les Siécles & dans tous les Païs, & on en voit encore tant qu'il n'est pas permis de douter qu'il
n'y en ait eu, & qu'il n'y en ait encore aujourd'hui.

La plûpart des Sçavans croyent que Semiramis Reine des Assiriens veuve de Ninus, & mére de Nynias, a été la premiére qui
a fait faire des Eunuques ; ils fondent leur
opinion sur ces termes d'Ammian Marcellin, * *Postrema multitudo spadonum, a senibus
in pueros desinens, obluridi, distortaque lineamentorum compage deformes, ut quaquà incesserit
quisquam, cernens mutilorum hominum agmina,
detestetur memoriam Semiramidis Reginæ illius
veteris, quæ teneros mares castravit omnium prima.* Claudien a crû la même chose,

———— † *Seu Prima Semiramis astu*
Assyriis mentita virum, ne vocis acutæ
Mollities, levesque genæ se prodere possent.
Hos sibi conjunxit similes ; seu persica ferri
Luxuries Vetuit nasci lanuginis Umbram.

Cependant Diodore de Sicile qui a fait
l'Histoire de Semiramis, dans sa Bibliothéque, d'une maniére beaucoup plus
éxacte qu'aucun autre, ne dit rien de cette particularité qui méritoit pourtant bien
d'être remarquée, si elle eût été certaine
& véritable. Il dit seulement que les
Bactriens à qui Ninus, qui depuis fut son
Mari, faisoit la Guerre, ayant mis les
Assy-

* Liv. 14. ch. 6. † In Eutrop. lib. 1. v. 339.

ſſyriens en fuite & en déroute , elle
habilla d'une longue robe , comme un
omme , les rallia , ſe mit à leur tête , &
iompha des Bactriens. Soit que cette Ro-
e plût aux femmes Medes & aux Perſes,
it qu'elles vouluſſent faire leur cour à
emiramis , elles en prirent de pareilles ;
eut-être que cet habillement donna lieu
dire que Semiramis avoit fait des hom-
es imparfaits , des demi hommes , & que
e uis on a conjecturé qu'elle avoit fait
ectivement mutiler des hommes. * D'au-
es diſent qu'elle s'habilla en homme , &
u'elle fit élever ſon fils en fille , afin que
s Aſſiriens ayant honte d'avoir une fem-
e pour leur Chef ne priſſent point lo
étexte de vouloir un Roi , pour mettre
n fils ſur le Trône à ſon préjudice ; §
'autres peu éloignez de cette opinion
ſent , que ſon fils étant de ſa taille , &
ant la voix ſemblable à la ſienne , elle ſe
guiſa en homme , & fit accroire , afin
regner , qu'elle étoit le fils de Ninus ,
non pas ſa veuve. Et d'autres diſent †
'ayant eu avis dans le tems qu'elle ſe
iſſoit , que Babilone s'étoit revoltée , elle
urut en diligence , les cheveux à demi
pais , pour la forcer à ſe rendre à elle ,
qu'elle ne remit point ſa tête dans ſon
ordre accoutumé qu'elle n'eût remis cette
puiſſante Ville ſous ſon pouvoir ; Que pour

A 2   cela

* Chriſtophori Helvici Theatrum Hiſtoricum pag.
. § St. Romuald. Threſor Curonol. & Hiſtor fol.
om. 1. pag. 79. † Valere Maxime liv. 9. ch. 3.
act. 13.

cela sa statuë fut honorablement élevée à Babylone au même état qu'elle se trouva quand elle marcha vers ce lieu d'un pas précipité pour tirer vangeance de ses Sujets rebelles ; ces cheveux épars joints à la robe qu'elle avoit prise la travestissoient d'autant plus en homme.

Diodore de Sicile rapporte une autre circonstance qui est considérable ; il dit que cette Reine élevée d'une condition basse au comble de la grandeur, se plongea dans toute sorte de délices, qu'elle fit choisir les hommes les mieux faits & les plus beaux de son Armée pour s'en servir, mais qu'elle fit mourir tous ceux qu'elle avoit reçûs dans son lit. Il y a plus d'apparence qu'elle les fit Eunuques par un effet d'une jalousie assez ordinaire, de peur qu'après avoir eu d'elle les plus grandes faveurs ils n'allassent s'attacher à quelqu'autre femme ; Diodore de Sicile ne le dit point ; mais comme il parle après Ctesias, ainsi qu'il l'avouë lui-même, & que Ctesias est un Historien, * qui non content d'abuser ceux de son siécle, a voulu faire passer ses fables à la postérité, on ne peut pas ajoûter beaucoup de foi à ce qu'il dit, ni accuser de fausseté ce qu'il obmet. Semiramis donc peut passer pour la premiére qui ait fait faire des Eunuques ; Vossius § croit que les Perses sont les Inventeurs de cette méchante & détestable coûtume, & que le mot Latin, *Spado* qui comprend diverses sortes d'Eunuques, ti-

re

---

* Lucien dans son d'alogue Intitulé le Menteur ou l'Incredule, § Etymologicon Linguæ Latinæ.

e fon nom d'un Village de Perfe nommé
pada, où il prétend que la premiére éxé-
ution de cette nature a été faite Il
rtifie fon fentiment de ceux de quelques
çavans du premier ordre qu'il nomme.
e ne veux point me rendre Juge entre des
ommes fi célébres qui ont les uns & les
utres des opinions fi probables, & dont la
ertitude eft fi difficile à trouver. *Non
oftrum inter hos tantas componere lites, &
ftulo hi digni & illi.* Je dirai feulement
ue le premier Eunuque dont l'Ecriture
ainte faffe mention, & dont il ne foit ab-
olument parlé nulle part ailleurs , * eft
utiphar qui acheta Jofeph des mains des
adianites ; encore verra t-on dans la fui-
e que ce nom d'Eunuque n'étoit point
ouveau dès lors , puis qu'il étoit deve-
u un nom de Charge & de Dignité ; Ce-
endant ce Putiphar acheta Jofeph l'an
u monde deux mille deux cent feptante-
x , c'eft à dire mille fept cent foixante-
dix-huit ans avant l'Incarnation de Je-
s Chrift ; Et Cyrus n'a commencé à
gner fur les Perfes que l'an du Monde
ois mille quatre cent vingt & un ; C'eft
dire qu'on parloit d'Eunuques avant
l'on parlât des Perfes, & qu'il n'eft pas
offible qu'ils foient les péres de ces for-
s de gens, parce que fi cela étoit la pro-
ofition *filius ante patrem*, qui paffe pour
onftrueufe, feroit pourtant véritable ; ce
u'on ne peut pas dire à l'égard de Semi-
amis qui regnoit fur les Affiriens l'an du

A 3

mon-

* Genefe Ch. 37. v. 36.

monde mille huit cent vingt-six, long tems avant que Putiphar fût né. Quoi qu'il en foit les Perfes, les Médes, & les Affyriens ont été de tous les Peuples ceux qui fe font le plus fervis d'Eunuques. Et on remarque * que Nabucodonofor faifoit couper tous les Juifs & tous les autres prifonniers de guerre, afin de n'avoir que des Eunuques à fon fervice particulier. § Et c'eft peut-être ce qui a donné lieu à conjecturer que les Perfes étoient les inventeurs de l'*Eunuchifme*.

CHAPITRE II.

Ce que c'eft qu'un Eunuque.

LUcien en donne une définition fort courte dans fon Dialogue des Eunuques. Il dit qu'il n'eft ni mâle, ni femelle, & qu'il eft un prodige dans la Nature. Mais elle eft trop générale, il en faut une plus éxacte & qui le faffe connoître plus particuliérement & plus fûrement. Un Eunuque donc, eft une perfonne qui n'a pas la faculté d'engendrer, par la foibleffe, ou par la froideur de la nature, ou à qui on a retranché les parties propres à la génération ; *Qui generare non poßunt*, comme s'exprime la Loi † ; Qui ont une voix grêle

&

---

* Jofeph. Antiq Judaic. liv. X. ch· 16. § St. Auguft. de civit. Dei. tom. 1. pag. 603. † L. 2. §. 1. ff. de Adoptionibus.

& languiſſante, la complexion d'une femme, qui n'ont que du poil folet à la barbe ; En qui le courage & la hardieſſe cedent à la crainte & à la timidité ; En un mot, dont les mœurs & les manieres ſont toutes efféminées. Si l'Eunuque eſt un ſujet ſi chétif & ſi mépriſable à l'égard du corps, il vaut encore moins du côté de l'eſprit & du cœur. Voici le portrait que St. Baſile en a fait autrefois *. Simplicie femme entêtée de l'Héréſie Arrienne s'étoit mêlée de faire des remontrances à ce St. Homme ſur ſa conduite & ſur ſes mœurs ; Il ſe juſtifie & prend à témoin toutes les perſonnes qui le connoiſſent, excepté quelques Eunuques qu'il récuſe, & dont il fait une peinture affreuſe ; ″ S'il eſt beſoin ″ de témoins, dit-il, qu'on ne me pro-″ duiſe point d'eſclaves ni de miſérables ″ Eunuques, gens abominables & ſans hon-″ neur, qui ne ſont ni hommes ni fem-″ mes, que l'amour du ſéxe rend comme ″ furieux ; Ils ſont jaloux, mépriſables, ″ féroces, efféminez, gourmands, ava-res, cruels, inconſtans, ſoupçonneux, furieux, inſatiables. Ils pleurent quand on les prive d'un repas, & pour tout ″ dire en un mot ils ſont condamnez au fer ″ dès leur naiſſance, des gens eſtropiez de ″ la ſorte peuvent-ils avoir l'ame droite ? ″ Le fer les rend chaſtes, mais cette cha-″ ſteté ne leur ſert de rien, leur turpitude ″ les rend furieux, & ils n'en remportent

A 4

″ au-

* Lettre 117. dans la traduction que Mr l'Abbé de Bellegarde a faite des Epitres de S. Baſile.

>> aucun fruit. Peut-être que cette descrip‑
tion paroîtra trop satirique & trop outrée,
& qu'elle sera suspecte, parce qu'elle est faite
par un homme en colere ; Mais voici le te‑
moignage d'un homme desintéressé , qui
non seulement la confirme & l'autorise,
mais même qui y ajoûte de nouveaux traits
qui rendent les Eunuques encore plus hi‑
deux ; c'est Ammian Marcellin qui parle,
qui dépose contr'eux , & qui dit, * >> Que
>> quand Numa Pompilius & Socrate di‑
>> roient du bien d'un Eunuque , on ne les
>> en croiroit pas , & qu'on les accuseroit
>> de mensonge. *Ea re quod si Numa Pompilius*
>> *vel Socrates bona quædam dicerent de Spadone,*
>> *dictisque Religionum adderent fidem , à veri‑*
>> *tate descivisse arguerentur.* Il est vrai que
sur la fin du même Chapitre il excepte Me‑
nophile Eunuque de Mithridate Roi de
Pont , dont il parle avantageusement. Il
y en a bien encore quelques autres qui ont
été dignes de louanges, comme un Favori‑
nus Mordonius , un Eutherius Eunuque de
l'Empereur Constance , & depuis de Julien
l'Apostat ; Un Hermias à qui Aristote sa‑
crifioit comme à un Dieu ; sur tout Daniel
& ses Compagnons , si tant est qu'ils ayent
été Eunuques , comme quelques interpré‑
tes de l'Ecriture Sainte le croyent ; Mais le
nombre en a été si petit , qu'il n'est pas ca‑
pable de donner atteinte à l'opinion généra‑
le qu'on en donne. L'on peut dire qu'il est
des Eunuques comme des Bâtards , qu'ils
sont ordinairement mauvais , mais qu'il s'en

trou‑

* Lib. 16. cap. 7.

trouve quelque fois de bons, & comme dit Ammian Marcellin, * *Inter Vepres rosa nascuntur, & inter feras nonnulla mitescunt.*

Theodore, Précepteur de l'Empereur Constantin *Porphirogenite*, s'est avisé, par un dessein singulier & bizarre, d'écrire une Apologie, *pro Eunuchismo & Eunuchis*, mais on regarde cet ouvrage de la même maniére qu'on regarde l'Eloge de Busiris par Isocrate, celui de Néron, & celui de la Goutte par Cardan ; Celui de la pauvreté par Synesius ; celui de l'aveuglement par Passerat ; Celui de la laideur & de la fiévre quarte, par Favorin ; Celui de la peste par Prævidelli ; celui de la guerre par Balth. Schuppius ; Celui de l'injustice par Glaucon ; celui de la folie par Erasme ; celui de la Goinfrerie par Lucien ; celui de l'Asne & celui de la Vermine par Heinsius, celui du rien & du néant par Schuppius, par Passerat, & par Duverdier le jeune ; Et la magnifique Doxologie du fétu par Sébastien Rouillard. Ces gens là ont entrepris de louer ce que toute la terre méprise & blâme, s'imaginant que cette singularité exciteroit la curiosité & l'admiration des lecteurs. Mais tous ces livres n'ont point rendu les sujets qu'ils ont traitez plus louables, ni plus légitimes ; Et celui qui a pour titre *de Multibibus*, imprimé à Oenozythople sous les auspices de Dionysius Bacchus, n'a pas authorisé les beaux droits & les plaisans priviléges des yvrognes qu'il étale avec beaucoup d'éxactitude & de pompe.

A v   On

* Lib. 16. cap. 7.

On a beau faire des apologies pour cette ridicule, injuste & barbare coûtume de faire des Eunuques, il n'y a personne dans le Christianisme qui ne le déteste, & qui dans l'occasion ne s'écriât à l'encontre comme fit autrefois Seneque, * *Principes viri*, disoit-il, *contra naturam divitias suas exercent, excisorum greges habent, exoletos suos, ut ad longiorem patientiam impudicitiæ idonei sint ; & quia ipsos pudet viros esse, id agunt, ut quam pauci viri sint. His nemo succurit delicatis & formosis debilibus.*

CHAPITRE III.

Combien il y a de différentes sortes d'Eunuques.

JEsus Christ lui-même nous apprend combien il y a de differentes sortes d'Eunuques ; *Il y en a*, dit-il §, *qui font nez tels dès le ventre de leur mere ; Il y en a qui ont été faits Eunuques par les hommes. Et il y a encore des Eunuques qui se font faits Eunuques eux-mêmes pour le Royaume des Cieux.* Mais la subtilité des hommes, & l'événement, ont donné lieu à des distinctions moins générales. Les diverses questions qui concernent le mariage de gens accusez d'être Eunuques, & la restitution

de

* Controvers. 33. lib. 5. § St. Matth. ch. 19. v.

e la dote de la femme, ont obligé à éxaminer les Eunuques de près ; & comme
n en a trouvé de diverses espéces, on en
fait des Classes différentes. Les Juris-
onsultes en font quatre. La premiere est de
eux qui sont nez tels ; qui sont Eunu-
ues proprement & absolument ainsi nom-
iez. La seconde est de ceux ausquels, soit
algré eux, soit de leur consentement &
par leur propre fait, on a retranché tout
e qui fait l'homme & sa virilité, qui ne
euvent en faire aucun acte, qui sont o-
bligez de rendre leur urine par un tuyau
de métail qu'on leur attache à la place de
celui que la Nature leur avoit donné &
qu'on leur a coupé ; Cela arrive quelquefois à des gens travaillez de quelque maladie qui oblige le Chirurgien à leur faire
cette triste operation ; mais cela se pratique aussi sur des hommes sains comme nous
le verrons dans la suite ; C'étoit autrefois
une des fonctions de la Médecine comme
on le voit au § 8. de la loi 7. *ad legem
uiliam.* Et au commencement de la loi
du même titre & sur tout au § 2. de
loi 4. ff. *ad legem Corneliam de sicariis
veneficiis*, où il est expressément deffen-
u aux Médecins de faire de semblables
érations. La troisiéme Classe est de ceux
uxquels on froisse tellement les Crema-
éres qu'ils disparoissent, & qu'il semble
u'ils soient évanouis ; La veine qui leur
ortoit l'aliment étant retranchée, ils se
étrissent, ils se séchent & se réduisent à
ien. Cette opération se fait ordinaire-
A 6

ment

ment en mettant le patient dans un bain
d'eau tiéde afin d'amolir ces parties, &
de les rendre plus maniables & plus propres à se dissoudre ; Après qu'il y a été
quelque tems, on lui presse les veines du
cou qu'on nomme Jugulaires, & par là
on le rend stupide & aussi insensible que
s'il étoit tombé en apopléxie, alors il est
aisé de le mutiler sans qu'il en sente rien :
Cela se fait ordinairement dans la grande
jeunesse par la mére ou par la nourrice.
On lui faisoit prendre autrefois une certaine quantité *d'Opium*, & lors qu'il étoit acca-
blé de sommeil on lui coupoit, ou on lui ti-
roit une partie que la nature a pris beaucoup
de soin à fabriquer ; mais comme on a remarqué que la plûpart de ceux qu'on *Eu-*
chinusoit ainsi mouroient, par ce Narcotique,
on s'est avisé de l'autre moyen dont je viens
de parler. Les Perses & diverses autres Nations, ont des maniéres de faire, ou de
couper les Eunuques, différentes de celles
dont on se sert en Europe. Je dis de faire,
car ce n'est pas toûjours en coupant qu'on
Eunuchise ; La ciguë & diverses autres her-
bes font le même Office, comme on peut le
voir dans l'Ouvrage de Paul Æginette qui
traite éxactement cette matiére, sur tout
dans le Livre sixiéme de ce docte & curieux
Traité. Cette troisiéme sorte d'Eunuques
font ceux qu'on appelle en Droit *Thlibiæ.*
Ceux qu'on nomme *Thlasiæ*, font à peu près
de la même qualité, toute la différence qu'il
y a, c'est qu'on se contente de leur couper
les veines qui servent à fortifier les parties
viriles, de sorte qu'elles restent bien à la-
véri-

vérité , mais si flasques & si flétries qu'elles
ne sont d'aucun usage ; La quatriéme Classe,
enfin, est de ceux qu'on appelle *Spadones*,
qui sont nez si mal conformez, ou d'un tem-
érament si froid , ou qui le sont devenus
ar quelque incommodité, qu'ils sont incapables de contribuer à la génération.
Quoi que ces quatre espéces soient fort différentes entr'elles, & que la derniére soit
la plus favorable & la moins malheureuse,
ependant les Jurisconsultes ont trouvé à
ropos de les comprendre toutes sous le
nom de *spado*, ce qui est assez singulier ,
comme je viens de le dire , puis que la maxime triviale de droit porte que *denominatio*
t à potiori. Et qu'à proprement parler ,
eux qu'on appelle *spadones* ne sont point
unuques, puis que par la vertu de la Natu-
e , ou par le secours de l'Art , ils peuvent
tre remis dans un état parfait ; D'ailleurs,
ecialia generalibus insunt , * & comment
us le nom de *spado* qui n'est pas propre-
ent un Eunuque , peut on comprendre
ux qui le sont réellement & de fait , &
ns espérance de retour. Il me semble que
mina debent esse convenientia rebus, comme
s le disent eux mêmes ; & que celui ci
onvient peu à toutes les espéces qu'il ren-
erme ; Quoi qu'il en soit, ils l'ont ainsi
oulu ; § *spadonum generalis appellatio est,*
uo nomine tam hi qui naturâ Spadones sunt item
hibia Thlasia sed & si quod aliud genus spa-
onum est continentur.

ñ

<hr>

* L. 147. de div. reg. Jur. § L. 121. ff. de verbo
significat.

Il y a diverſes autres ſortes d'Eunuques ; il y en a qui ſont appellez de ce nom , *cataſhreſticé* , parce qu'ils poſſédent les Charges ou les Dignitez qui étoient données originairement aux Eunuques ; Il y en a d'autres qui ſont appellez de ce nom par figure , parce qu'ils ſont chaſtes & qu'ils ne ſe ſervent pas plus de leurs parties viriles que s'ils n'en avoient point.

Toutes ces ſortes d'Eunuques ont un nom général par lequel on prétend qu'ils ont tous été déſignez ; c'eſt le nom de *Bagoas*. Ce nom eſt celui du perſonnage qui repréſente l'Eunuque que Diocles prétend exclurre de la profeſſion de Philoſophe , dans le dialogue de Lucien. Il y a eu un fameux Eunuque de ce nom qui étoit à Darius & dont après la mort de ce Prince on fit preſent à Aléxandre le Grand. Il étoit beau par excellence , & Alexandre l'aima autant que Darius l'avoit aimé. Quinte-Curce en fait l'Hiſtoire en différens endroits * de la vie de ſon Héros , & j'aurai occaſion d'en parler dans la ſuite de cet Ouvrage. L'Eunuque d'Olopherne , Général de Nabucodonoſor , qui aſſiégea Bethulie & à qui Judith coupa la tête, Cet Eunuque , dis je , qu'Olopherne employa pour diſpoſer Judith à paſſer la nuit avec lui & qui la conduiſit en effet dans ſa tente , s'appelloit Bagoas ; quoi que quelques verſions , & entr'autres celle de Mrs. de Port-Royal l'appellent Vagao Quoi que ce nom ait été le nom de pluſieurs particuliers,

* Liv. 6. ch. 5. & ſur tout. liv. 10. ch. 1.

culiers, cependant Gilbert Coufin, ou en
atin *Cognatus*, dont l'Illuftre M. Baile a fait
n article dans le tome premier pag. 974.
e fon Dictionaire, dit dans la remarque
u'il a faite fur ce mot *Bagoas* qui fe trouve
ans Lucien, que dans une Langue barba-
e il fignifie en général un Eunuque; &
il infinuë par là que Lucien ne fe fert de
ce nom *Bagoas* que parce que c'eft un nom
qui comprend tout le genre Eunuque; * Et
il confirme fon fentiment par ce Vers d'O-
vide,

Quem penes eft dominam fervandi cura Bagoa.

Il eft certain que parmi les Babyloniens
Bagoas fignifie un Eunuque. Il y en a eu
un auffi de ce nom qui a été Eunuque,
& dont Plutarque dit beaucoup de chofes
plus dignes pourtant du filence que de nôtre curiofité. Quelques Sçavans croyent que
ce Bagoas dont parle Lucien étoit un homme qui avoit la mine fi difgraciée qu'on
le prenoit pour Eunuque. Quintilien parle d'un Bagoas & il y a apparence qu'il fe
fert de ce nom comme d'un nom commun
à une efpéce d'hommes, § car il parle en
même tems de Megabyfe & de Doriphoron, or il eft certain que Megabyfe eft un
nom commun aux Prêtres de Diane, † ils
devoient être tous Eunuques parce qu'ils
avoient la garde des filles qui lui étoient
confacrées; Et Doriphoron fignifie un homme

ne qui porte une lance ; Il eſt vrai qu'il déſigne auſſi cette ſtatuë ſi admirable d'un jeune homme bien fait qui étoit armé d'une lance que Policlete avoit fait , dont il étoit amoureux , & qu'il appelloit ſa Maîtreſſe ; mais il ſuffit qu'il marque auſſi un nom général , ſous lequel tout homme portant une lance eſt déſigné.

CHAPITRE IV.

Des Eunuques qui ſont nez tels.

IL ſemble qu'il ne ſoit point impoſſible que certaines créatures humaines viennent au monde deſtituées des parties qui ſervent à la génération. On voit tous les jours des enfans qui naiſſent ſans yeux, ſans oreilles, ſans mains, ou ſans quelqu'autre partie du corps , il peut auſſi aiſément arriver que quelques-uns naiſſent dépourvûs de celles dont il eſt ici queſtion. La Nature qui produit tous les jours tant de monſtres pourroit bien en former un de cette eſpéce ; cependant les Naturaliſtes diſent qu'il n'y en a point d'éxemple. Et en effet, Pline qui rapporte éxactement & amplement * les figures humaines moſtrueuſes dont le nombre & la diverſité ſont grands parmi tous les Peuples, ne parle point de celles dont il s'agit ici ; Je puis dire néanmoins

* Liv. 7. ch. 2.

moins que j'en ai vû une , & peut être a-t elle été vûë de toute l'Europe ; car fes parens ayant remarqué que le Public avoit de la curiofité pour un corps humain auffi fingulier que l'étoit celui dont je vais parler , & qu'ils pouvoient amaffer beaucoup d'argent en le menant de lieu en lieu & de Païs en Païs , l'ont fans doute porté par tout. Il étoit à Berlin en l'année 1704. C'eft un cul de jatte qu'un homme portoit fur le dos dans une boëte ; avec cette différence , qu'au lieu que ceux qu'on nomme ainfi n'ont ni jambes, ni cuiffes, dont ils puiffent fe fervir , & qu'ils marchent fur leur derriére enfermé dans une jatte , celui-ci n'a pas même un derriére , c'eft à dire de feffes ; Il a la tête bien faite , le vifage beau & doux , le tein brun & les cheveux chatains ; mais quoiqu'il ait eu alors plus de vingt ans , il n'avoit point de barbe , ni aucune apparence qu'il en auroit un jour. Il avoit des bras & des mains fort bien proportionnez , fon corps étoit affez bien fait, il étoit de la hauteur d'environ deux à trois pieds ; c'étoit par le bout d'en bas une efpéce de tronc ; il marchoit avec fes mains ; il avoit deux conduits comme les autres hommes par lefquels la nature fe déchargeoit de fes excrémens , celui de devant étoit fort court & fort petit , & au deffous il y avoit un fufpenfoire flafque & flétri dans lequel il n'y avoit aucun Crémaftére. Je m'informai fort particuliérement de fes parens s'il étoit né ainfi, ils m'affurérent qu'il étoit abfolument

ment tel que la nature l'avoit formé Comme je sçai qu'il ne faut pas toujours mal
juger de la virilité d'un homme , lorsqu'on
ne lui trouve point de Crémaftére au dehors , parce qu'il arrive quelque fois que
quoi qu'ils soient demeurez au dedans , &
qu'ils ne soient point descendus dans les
suspensoires par des obstacles qui se font
opposez à leur sortie , les hommes , néanmoins, qui les ont ainsi cachez ne laissent
pas d'être aussi parfaits que ceux qui les
ont au dehors : qu'ils sont forts & vigou-
reux , & qu'ils ont tous les autres signes
nécessaires pour prouver la virilité de
l'homme , j'examinai fort exactement ce
cul de jatte , & lui trouvant d'ailleurs toutes les marques d'un véritable Eunuque ,
j'en conclûs qu'il l'étoit en effet & qu'il a
été produit tel par la nature dans le sein
de sa mere. Ainsi voilà une preuve qu'il
y a des Eunuques qui naissent tels , quoi
qu'en disent les Naturalistes, & particuliérement Pline dans le chapitre second
du septiéme livre de son Histoire du Monde.

CHAPITRE V.
Pourquoi on fait des Eunuques.

S'Il eſt vrai que Semiramis ait été la premiére qui ſe ſoit aviſée de faire faire des
Eunuques, & que la raiſon qu'on en rapporte
te ſoit certaine, la premiére cauſe de cette
mutilation a été la jalouſie de cette Reine, qui après s'être ſervie des hommes les
mieux faits de ſon Armée, les fit châtrer, de
peur qu'ils n'allaſſent encore depuis ſervir
au divertiſſement de quelqu'autre femme.
Mais ſans m'arrêter aux conjectures, voici
d'autres cauſes plus ſûres de cet uſage.

Les Eunuques ont été faits pour être la
garde des filles & des femmes, pour obſerver leur conduite, & pour empêcher qu'elles ne fiſſent rien de contraire à la chaſteté
ou au devoir conjugal ; c'eſt apparemment
à cet uſage que l'Eunuque a proprement été
deſtiné, le mot même le fait connoître ;
car il ſignifie, *garde lit*, ou *garde chambre*.
C'eſt encore pour cet uſage qu'on en fait
dans l'Orient. Mais depuis, les hommes
qui n'en avoient que pour en faire un uſage
légitime, en ont abuſé & en ont fait faire
pour ſervir à des uſages ſales & criminels.
Ils choiſiſſoient dans cette vûë les plus beaux
garçons qu'ils trouvoient depuis l'âge de
quatorze ans, juſqu'à l'âge de dix-ſept ans.

Saint

Saint Grégoire de Nazianze s'en plaint amé-
rément dans la vie de Saint Basile, & dans
son Oraison trente & uniéme. Mais il fau-
que cette infâme coûtume soit beaucou,
plus ancienne, car Juvenal déclame contre
cet abus dans l'une de ces * Satyres ; disant.

———————— *Nullus Ephebum*
Deformem sæva castravit in arce tyrannus.

Il est vrai qu'ils en ont fait faire pour servir de victimes qu'ils offroient à des Divini-
tez : c'est contre cette horrible coûtume
que Saint Augustin, qui reléve, qui condamne & qui réfute les ridiculitez, les in-
famies, les cruautez de la Religion des
Payens, se déchaîne dans son excellent Livre § de la Cité de Dieu. Il falloit même
que les Prêtres fussent Eunuques, afin, di-
soit-on, de s'employer aux choses Sacrées
plus purement & plus chastement. C'étoit
sur tout la pratique des Athéniens ; † les
Prêtres de la Diane d'Ephese étoient aussi
obligés d'être Eunuques.

La Religion Chrétienne a eu ses Eunuques malgré elle, & quoiqu'elle les abhor-
re, un certain Valesius Arabe de Nation,
forma une Secte qui soûtint que bien loin
que la mutilation fût un obstacle au Sacerdoce, comme le Concile de Nicée l'avoit
déclaré, il étoit au contraire absolument
né-

* Satyr. 10. v. 306. 307 § Liv. 6 ch. 10. † Voy.
Crinitus de honnesta disciplina liv. 9. S. Romual.
fol. tom. 1. pag. 185.

néceſſaire d'être Eunuque pour l'éxercer,
Non ſeulement ils pratiquoient ſur eux-mêmes le cruel éxemple d'Origéne , mais même ils réduiſoient dans ce triſte état touş
ceux qui tomboient entre leurs mains; cette Héréſie eſt la cinquante-huitiéme de celles que Saint Epiphane réfute.

Depuis on a fait des Eunuques pour avoir
des gens qui euſſent la voix belle & qui puſ-
ſent la conſerver long tems. Macrobe rend
d'amples & de bonnes raiſons pour leſquelles les Eunuques ont la voix belle , au chapitre cinquante-deuxiéme de ſes Saturnales,
C'eſt principalement le but que les Italiens
ſe propoſent encore aujourd'hui lors qu'ils
font châtrer des jeunes gens.

L'avarice a pouſſé des gens à faire des Eunuques pour en trafiquer. Quelques Rélations de Voyageurs nous apprennent, que
dans le Royaume de Boulan ſeul , on fait
tous les ans ving mille Eunuques qu'on en-
voye vendre en divers autres Etats. L'Hiſtoire de Panione de l'Iſle de Chio, que je
rapporterai dans la ſuite , fera voir que ce
commerce n'eſt pas nouveau.

§. On fait Eunuques des gens qu'on veut
plonger dans la honte & dans l'ignominie ,
ſoit qu'ils ayent été lâches à la guerre &
qu'on veuille les en punir, ſoit qu'on veuille les noter d'infamie pour quelqu'autre
cauſe que ce ſoit. Mais voici de plaiſanş
motifs

----

§ Luitlprand Ticinenſis. liv. 4. de rebus per Euro-
pam geſtis. cap. 4 Meibomius Rerum Germanicar.
tom. 1. c. 47. pag. 147. Camerar. Meditat. Hiſtoric.
tom. I. lib. 5. cap. 15.

motifs de faire des Eunuques ; c'est la raillerie, le ressentiment & l'insulte ; On lit
une Histoire assez divertissante rapportée
sous le Régne de Henri I. qui en est une
preuve; ›› Les Grecs faisoient la Guerre au
›› Duc de Benevent & le traitoient assez
›› mal ; Thedbald Marquis de Spolette son
›› Allié étant venu à son secours & ayant
›› fait quelques prisonniers, ordonna qu'on
›› leur coupât les parties qui font les hom-
›› mes & les renvoya en cet état au Général
›› Grec, avec ordre de lui dire qu'il l'avoit
›› fait pour obliger l'Empereur, qu'il sça-
›› voit aimer beaucoup les Eunuques, &
›› qu'il tâcheroit de lui en faire avoir bien-
›› tôt un plus grand nombre ; le Marquis
›› se préparoit à tenir sa parole, lors qu'un
›› jour une femme, dont ses gens avoient
›› pris le mari, vint toute éplorée dans le
›› Camp, & demanda à parler à Thedbald ;
›› Le Marquis lui ayant demandé le sujet
›› de sa douleur ; Seigneur, répondit-elle,
›› je m'étonne qu'un Héros comme vous
›› s'amuse à faire la guerre aux femmes lors
›› que les hommes font hors d'état de lui
›› résister ; Thedbald ayant répliqué que de-
›› puis les Amazones, il n'avoit pas oui
›› dire qu'on eût fait la guerre à des fem-
›› mes ; Seigneur repartit la Grecque, peut-
›› on nous faire une guerre plus cruelle,
›› que de priver nos maris de ce qui nous
›› donne de la santé, du plaisir, & des en-
›› fans ; Quand vous en faites des Eunu-
›› ques, ce n'est point eux, c'est nous que
›› vous mutilez ; Vous avez enlevé ces
›› jours

» jours paſſez notre bétail & notre baga-
» ge , ſans que je m'en ſois plainte ; mais
» la perte du bien que vous avez ôté à plu-
» ſieurs de mes compagnes étant irrépara-
» ble, je n'ai pû m'empêcher de venir ſollici-
» ter la compaſſion du Vainqueur. La naïve-
» té de cette femme plût ſi fort à toute
» l'Armée , qu'on lui rendit ſon mari , &
» tout ce qu'on lui avoit pris. Comme
» elle s'en retournoit , Thedbald lui fit de-
» mander ce qu'elle vouloit qu'on fit à
» ſon mari, au cas qu'on le trouvât encore
» en armes. Il a des yeux , dit-elle , un
» nez , des mains , des pieds, c'eſt-là ſon
» bien , que vous pouvez lui ôter , s'il le
» mérite ; mais laiſſez-lui, s'il vous plaît ,
» ce qui m'appartient. Apparemment
que la femme dont Plaute parle dans ſon
Mercator * , n'étoit pas de cet avis , ou
qu'en tout cas elle regardoit ce bien à
elle appartenant , comme un bien de
petit rapport & de peu de valeur, car ſon
mari craignoit qu'elle même ne s'en pri-
vât ,

Quaſi hircum metuo ne uxor me caſtret mea.

Les Adultéres étoient faits Eunuques pour
peine de leur crime ; je pourrois le faire voir
par pluſieurs éxemples , mais j'en rapporterai trois ſeulement qui ſont précis , l'un ſe-
ra tiré de Valére Maxime § , il y eſt dit que
Vibienus & Publius Cernius ayant ſurpris
l'un Carbo Accienus, & l'autre Pontius en
adul-

adultére ils les firent châtrer ; L'autre eſt
contenu dans Martial, *

Uxorem armati futuis, puer Hyle , Tribuni ,
Supplicium tantum dum puerile times.
Væ tibi, dum ludis, caſtrabere. Jam mihi dices,
Non licet hoc. Quid, tu quod facis Hyle licet ?

Le troiſiéme & le principal eſt l'é-
xemple d'Abelard ; ce Docteur amoureux
ayant abuſé d'Héloïſe qu'on lui avoit donnée à inſtruire, les parens de cette fille lui
firent couper les parties viriles avec leſquelles il avoit deshonoré leur famille ; Ils
allérent juſqu'à la racine du mal & l'ar-
rachérent de telle ſorte qu'ils ôtérent au
coupable le pouvoir de la rechûte. †
Cela étoit paſſé en loi parmi les Gaulois.
La Loi Salique tit. 29. *de Adult.* Ancillor.
porte cette déciſion *ſervus qui cum aliena ar-*
cillâ mœchatus fuerit , ea mortua , caſtretur.
On peut dire auſſi que cela étoit fondé ſur
cette loi de l'équité, qui dit que la peine
doit être infligée à celui des membres du
corps qui a été l'inſtrument , ou le com-
plice du crime. § Job raiſonnoit ſur ce principe lors qu'il diſoit , *ſi j'ai levé la main*
ſur le Peuple, &c. que mon épaule tombe étant
deſunie de la jointure, & que mon bras ſe briſe
avec tous ſes os.
On faiſoit auſſi Eunuques les Eſclaves
qui avoient dérobé, voici les termes de la
même

* Liv. 2. Epigr 60. † Voyez cette Hiſtoire dans le
Diction. Hiſtor. & Crit. de Mr. Bayle Les Articles
Abelard, Heloïſe, Foulques & Paraclet. § Ch. 31. v.
11. 22.

même Loi Salique Tit. 13. de furt. ſervot
ſervi qui quidpiam valens quadraginta denarios
furati eſſent, caſtrari Jubebantur in pœnam, &c.

La néceſſité contraint auſſi quelquefois
de faire des Eunuques ; Il ſe trouve ſouvent des hommes attaquez de tels maux
que le Médecin eſt obligé d'ordonner cette opération , & le Chirurgien de la faire.
La maladie eſt la cauſe de ce malheur ,
& bien loin que ceux qui ont ce ſujet d'af-
fliction doivent être regardez de mauvais
œil , ils doivent au contraire être plaints
& conſolez.

On a fait des Eunuques par repréſailles
& en vertu de la Loi du Talion. * Herodote
nous l'apprend d'une maniére fort agréa-
blé par un éxemple curieux ; » Hermo-
» time Pedaſien qui étoit , dit-il , le plus
» conſidérable des Eunuques de Xerxes, fut
» de tous les hommes celui qui ſe vengea
» le mieux de l'injure qui lui avoit été faite.
» Après avoir été pris il fût vendu à Panio-
» ne de l'Iſle de Chio qui faiſoit négoce
» d'Eunuques , & qui faiſoit châtrer tous
» les beaux garçons qu'il achetoit pour les
» vendre enſuite bien chérement à Sardis
» & à Epheſe ; parce que parmi les Bar-
» bares on eſtimoit plus les Eunuques que
» les autres , à cauſe de leur fidélité &
» de la confiance qu'on pouvoit prendre
» en eux pour toutes choſes ; Comme ,
» dis-je , ce Panione à qui Hermotime fut
» vendu, vivoit de l'infame commerce qu'il
» faiſoit des Eunuques ., il fît couper Her-

B

motime

* Herod te liv. 8.

» motime de même que plusieurs autres?
» Mais Hermotime ne fut pas malheureux
» à tous égards, car ayant été mené de Sar-
» dis au Roi avec d'autres préfens, il aquit
» avec le tems plus de faveur & de crédit
» auprès du Roi que pas un des autres Eu-
» nuques : Lors que le Roi fit partir fes
» troupes de Sardis pour aller à Athenes,
» Hermotime fut envoyé pour quelque af-
» faire dans un endroit de la Myfie nommé
» Atarne , où il trouva Panione , qu'il
» reconnut , & l'ayant abordé il lui parla
» avec toute forte de douceur , d'hon-
» nêteté & de témoignage d'amitié ; Il lui
» dit premiérement qu'il poffédoit par
» fon moyen tous les biens qui lui étoient
» arrivez , & enfuite il lui promit de lui
» donner des marques de reconnoiffance
» pour ce bienfait , s'il vouloit venir avec
» les fiens, demeurer dans fa maifon ; Pa-
» nione fe laiffa perfuader par ce difcours
» & amena librement fa femme & fes en-
» fans chez Hermotime ; Mais il n'y fut
» pas fi-tôt arrivé qu'Hermotime lui parla
» en ces termes, *Oh le plus méchant de tous*
» *les hommes qui as jufqu'à préfent gagné ta vie*
» *du plus déteftable de tous les commerces. Quelle*
» *injure as tu reçüe , toi ou ceux de ta maifon, ou*
» *de mes parens, pour m'avoir réduit en ce mifé-*
» *rable état dans lequel, d'homme que j'étois je*
» *ne fuis maintenant ni homme , ni femme?*
» *Penfois tu que les Dieux ne viffent pas ce que*
» *tu faifois alors ? Comme ils font juftes &*
» *équitables , infame artifan de malheurs , ils*
» *t'ont mis aujourd'hui en ma puiffance pour*
» *me-*

» *mesurer ton châtiment par tes mauvaises ac-*
» *tions.* Quand il eut fait ces reprochés à ce
» misérable, il fit amener devant lui quatre
» enfans qu'il avoit, & le contraignit de
» les châtrer ; Et quand il eut obéi il o-
» bligea ses enfans de couper eux mêmes les
» parties de leur Pére. Telle fut la vengean-
» ce d'Hermotime & telle fut la punition
» de Panione. Quelques-uns ont crû qu'il
les avoit poussez trop loin & qu'il s'étoit
fait justice à lui-même. La vengeance de
Narses fut bien plus importante présupposé qu'elle soit véritable, car Baronius &
plusieurs Auteurs en doutent. Narses
ayant vaincu les Barbares & les Gots, &
s'étant rendu auprès de l'Empereur Justinien , l'Impératrice Sophie envoya ce Capitaine parmi ses femmes pour filer avec
elles, & pour se railler de lui, parce qu'il
étoit Eunuque. Ce mépris ayant excité la
colére & l'indignation de Narsés l'obligea
à dire ces mots, *Je fileral une trame que ton
mari ne saura défaire.* En effet, dans la suite
il mit les Lombards hors de la Jurisdiction
de l'Empire. D'ailleurs , j'avoue que je
ne vois rien de plus juste que le ressentiment
d'Hermotime , & que la peine que méritoit Panione, non seulement pour l'avoir
châtré, mais pour en avoir châtré un mil-
lion d'autres pour satisfaire à son commerce & à son avarice, ne pouvoit être trop
grande. Hermotime étoit fondé en Loi ;
la Loi du Talion a toûjours été établie, on
la voit dans la Loi des douze Tables en ter-

B 2

mes

mes précis, * *pœna autem injuriarum ex lege duodecim Tabularum propter membrum quidem ruptum Talio erat.* L'Empereur Justinien a ordonné depuis positivement la peine du Talion, ou de la pareille, contre ceux qui feroient souffrir cette espéce de martire; § *Sancimus igitur,* dit-il, *ut qui in quocunque reipublica nostra loco, quamcunque personam castrare præsumunt aut etiam præsumpserint, si quidem viri sint qui hoc facere præsumpserint aut etiam præsumunt, idem hoc quod aliis fecerunt & ipsi patiantur.* Cette Loi est conforme à la droite raison; car comme dit Ovide, †

Qui primus pueris genitalia membra recidit,
    Vulnera quæ fecit, debuit ipse pati.

Cependant, comme le Christianisme n'approuve point l'Eunuchisme, la Loi du Talion a été abrogée à son égard par l'Empereur Leon, pour les raisons sages & Chrétiennes qu'il en rend dans sa Constitution *;

Il y a enfin des Eunuques qui se sont faits, ou fait faire Eunuques eux mêmes par divers motifs que nous allons rapporter dans le chapitre suivant.

---

* Instit. lib. 4. tit. 4. de Injuriis. §. 7. § Novell. 42. ch 1. † Amor. lib. 2. Eleg. 3. v. 3. & 4.
* Novell. 60.

CHAPITRE VI.

Pourquoi quelques hommes se font faits eux-mêmes, ou fait faire Eunuques par d'autres.

IL y a eu des hommes qui se sont faits Eunuques par un esprit de dévotion, dans la pensée de se rendre plus agréables à Dieu, & plus capables de travailler à leur salut. Comme Origéne a été le premier, le Pére pour le dire ainsi, & le Patriarche de ces sortes d'Eunuques, il est bon de faire voir en peu de mots le véritable motif qui l'a fait penser & agir d'une maniére si singuliére à cet égard. Je sçai bien que Justin Martyr * parle d'un jeune homme d'Aléxandrie antérieur à Origéne, qui pour faire voir que ceux qui accusoient les Chrêtiens de commettre dans leurs Assemblées des saletez horribles, n'étoient que des calomniateurs, présenta requête à Felix, Gouverneur de cette Ville, pour obtenir de lui un Chirurgien qui le mit hors d'état d'être jamais soupçonné d'aucune impureté ; Mais comme Felix le lui refusa parce que les loix Romaines le deffendoient, comme les Canons de l'Eglise

B 3

le

* Apol. 1. pag. 71. adressée à l'Empereur Antonin.

le deffendirent depuis, je crois avoir raison
de mettre Origéne le premier en ordre,
parce que s'il n'a pas été le premier qui ait
eu un semblable dessein, au moins a-t-il été
le premier qui l'ait éxécuté.

Origéne nâquit à Aléxandrie l'an 185.
de Jesus Christ. Son Pere nommé Leonidas
le fit étudier en Theologie, dans la connoissance de laquelle il se rendit très-sça-
vant. Le témoignage de Saint Jerôme suffit
pour le prouver, car dans le tems même
qu'il écrivoit le plus fortement contre Origéne il reconnoissoit qu'il avoit été un grand
homme dès sa naissance, * *Magnus vir ab in-
fantia*; Il étoit si ardent à professer la Religion Chrétienne, que la persécution s'étant
élevée dans Aléxandrie sous l'Empire de
Severe l'an 202. de Jesus Christ, il voulut
courir au Martyre quoi qu'il ne fut âgé que
de seize à dix-sept ans; & il y seroit allé si
sa mére ne l'en eut empêché en le retenant
par force & par adresse. Ne pouvant donc
le souffrir lui-même il exhorta son Pere
par Lettres à l'endurer courageusement.
En effet il eût la tête tranchée & ses biens
furent confisquez, de sorte qu'Origéne fut
réduit à la derniere pauvreté. Une Dame riche d'Alexandrie en ayant eu pitié
le retira dans sa maison; Elle y avoit avec
elle un fameux Hérétique d'Antioche qu'elle avoit adopté pour fils, qui faisoit chez
elle des conférences auxquelles les hérétiques & les orthodoxes assistoient indiffé-
remment

* Epistol. 5. 6. ad Pammachium de Erroribus Ori-
gini.

emment. Origéne conversa bien avec lui, mais il ne voulut jamais avoir de communication avec lui dans la priére, observant religieusement les Réglemens de l'Eglise, & témoignant de l'horreur pour la doctrine des Hérétiques;

Il souhaita de vivre indépendamment d'autrui, & en effet il se mit à enseigner la Grammaire; & depuis, la chaire de l'Ecole d'Alexandrie étant vacante elle lui fut donnée, & comme elle ne lui produisoit pas suffisamment de quoi vivre, il vendit tous ses livres qui traitoient des sciences prophanes, & se contenta de quatre oboles par jour que lui donnoit celui qui les avoit achetez. Il commença alors à mener une vie très-laborieuse & très-auftere : & comme son emploi l'obligeoit à être souvent avec des femmes qu'il instruisoit aussi bien que les hommes, pour ôter aux Payens tout prétexte de soupçon de quelque mauvaise conduite à cause de sa grande jeunesse; il se résolut d'éxécuter à la lettre la perfection qu'il se persuadoit que Jesus Christ avoit proposée dans ces paroles de l'Evangile. *Il y en a qui se sont faits Eunuques eux mêmes pour le Royaume des Cieux.* Il tâcha de tenir cette action secrette, il la cacha même à ses amis; mais il il ne put empêcher qu'elle ne fut sçuë. Demetrius Evêque d'Alexandrie en eut connoissance, loua son zele, & l'ardeur de sa foi, mais il changea de langage bien tôt après; car la reputation d'Origéne s'étant répanduë en divers lieux où il étoit allé,

Demetrius écrivit contre lui & lui repro-
cha cette action qu'il avoit louée. Il pouffa
fa paffion fi loin qu'il le fit chaffer d'Aléxandrie, le fit dépofer dans un Concile d'E-
vêques d'Egypte , & même excommunier,
& écrivit par tout contre lui pour le faire
rejetter de la Communion de toutes les
Eglifes du monde. Ce narré tiré d'un
Auteur * autorifé par l'approbation du public & conforme à ce qu'en dit Eufebe, re-
fute & détruit ce que rapporte Saint Romuald fur ce fujet. Il dit † que l'an 232.
il s'éleva une fédition populaire dans Alexandrie contre Origene qui l'obligea à fe
retirer ailleurs , laiffant fon difciple Heracles
en fa place de Recteur des Ecoles de la
Ville. On ne fçait pas bien , dit-il, la caufe de cette fédition , les uns l'attribuent à
la publication qu'il avoit faite de fon
Periarchon, ou des principes, qui étoit un
vrai labyrinthe d'erreurs ; & les autres
aux efforts qu'il faifoit pour perfuader à fes
difciples de l'imiter en fe faifant Eunuques
comme lui , foit par le fer ou par la ciguë,
afin d'énerver tout à fait cette partie re-
belle du corps, & fe priver ainfi de tout
mouvement beftial de la chair. Il fe ran-
ge du fecond avis, parce, dit-il, que ce fut
à peu près dans ce tems que cette erreur
fe convertit en héréfie, par le faux zéle de

ce

---

* Dupin nouvelle Bibliothéque des Auteurs Eccléfiaftiques tom. 1 pag. 121 &c .tiré d'Eufebe liv.6.ch 2.
8. 19. traduction Françoife , les chapitres de laquelle ne
fe rapportent point à l'Edition Gréque ni Latine.

† S. Romuald. tom. 2. pag. 185. du trefor Hift.
& Chronol. in fol.

ce Valefius Arate dont j'ai déja parlé, &
qui en fut le Propagateur *. Mais il eft
certain 1. qu'Origéne n'a jamais fait de
violence à perfonne , il a tenu fon action
fecrette, & fi elle s'eft divulguée ç'a été contre fon intention ; † 2. Il l'a lui-même condamnée depuis ; c'eft un fait que le même
Auteur dont j'ai tiré l'abregé de fon Hiftoire remarque expreffément ; Eufebe fon
plus grand Protecteur en parle d'une maniére qui fait voir qu'il en avoit honte ;
Il avoit honte auffi d'avoir employé trop
de tems à l'étude des fciences profanes, &
il s'en excufe dans le fecond livre de fon
apologie, ou de fa deffenfe. § Les paffa-
ges où Origéne lui même a condamné fon
action font dans fon fermon 15. fur St.
Matthieu , au ch. 19. ℣. 12. & dans fon ouvrage contre Celfe , liv. 7. Il n'y a qu'à
lire auffi ce qu'il dit dans fon Traité feptiéme fur le Chapitre dix-huitiéme de St.
Matthieu pour être convaincu qu'il a bien
changé d'avis , voici fes termes ; *Nos autem
fi fpiritales fumus verba fpiritus fpiritualiter
accipiamus & de tribus iftis Eunuchizationibus
adificationem introducentes moralem Eunuchi nunc moraliter aöftinentes fe a veneriis funt
appellandi. Eorum autem qui fe continent dif-
ferentia tres funt.* Ceux qui font Eunuques
dès le ventre de leur mére, font, dit-il ,
ceux qui le font par tempéramment , qui

B 5 font

* Eufebe parle de cette fédition , mais il n'en dit pas
la caufe liv. 6. ch. 41. &c. † Voyez la Vie de Tertul-
lien & d'Origéue, par Mr de la Motte ch. . fur la fin.
§ Dupin ibid. ubi fupra. Et Eufebe ibid. ch. 19.

sont nez froids ou impuissans ; ceux que les hommes ont fait, sont, ajoute-t-il, ceux qui le sont par raison, ce sont ces Philosophes qui faisant profession d'une sagesse mondaine, s'abstiennent du commerce des femmes par des maximes humaines, ou ceux ausquels une fausse honte, ou les loix publiques les deffendent : Les Ecclesiastiques de l'Eglise Romaine sont de ce nombre. Ceux enfin qui se font Eunuques pour le Royaume des Cieux sont, dit-il, ceux qui sont chastes par vertu & par pieté, pour être mieux disposez au service de Dieu, & dans l'intention d'être mieux disposez au service de Dieu, & dans l'intention de lui être plus agréables. * Socrate l'Historien dit qu'Origene, qu'il nomme *Doctor Valde sapiens*, avoit reconnu que les préceptes de la Loi de Moïse ne pouvoient pas s'entendre à la lettre & qu'il falloit leur donner une explication plus sublime, & il ajoute que, *praceptum de paschate ad altiorem divinioremque sensum traduxit* ; ce qui fait voir d'autant plus qu'Origene étoit revenu de l'ancienne erreur dans laquelle il avoit été, qu'il falloit entendre à la lettre ce qui est contenu dans le Vieux & dans le Nouveau Testament ;

Valesius dont j'ai déja parlé vint après lui, & comme les disciples vont toûjours au-delà de leurs Maîtres (si tant est que Valesius qui n'étoit qu'imitateur d'Origene, puis que cet ancien Docteur ne lui avoit jamais enseigné ni recommandé cette cruel-

le

---

* Liv. 5. ch. 21.

le doctrine, puiſſe ou doive paſſer pour ſon
diſciple) enchérit beaucoup ſur la pratique d'Origéne ; car au lieu qu'Origéne
n'avoit conſidéré les paroles de Jeſus Chriſt
que comme un Conſeil , qu'il ne l'avoit
pratiqué que *ad melius eſſe* comme parlent
les Philoſophes, par deſir de parvenir à la
perfection ; & pour ôter à ſes ennemis
tout prétexte de juger mal de ſes conver-
ſations avec des filles qu'il enſeignoit, Va-
leſius au contraire changea cette action volontaire en action néceſſaire , & forçoit
tous ceux qui tomboient entre ſes mains
à ſe faire Eunuques ; car lors qu'ils ne vouloient pas le faire eux mêmes il les y con-
traignoit , il les lioit ſur un banc & leur
couppit de ſes propres mains leurs parties
viriles , en leur diſant qu'il falloit accom-
plir à la lettre ce qu'avoit dit nôtre Seigneur, *Qu'il y avoit des Eunuques qui s'é-
toient faits Eunuques pour le Royaume des Cieux.*

Cette ſecte qui fut appellée la ſecte des
Valeſiens , ou des Eunuques , ne dura pas
long tems ; 1. parce qu'elle fut abſolument
condamnée par le premier Concile général
de Nicée à l'occaſion de Leontius Prêtre
qui s'étoit fait Eunuque ; 2. parce que ceux
qui avoient ſubi la peine , avoient ſouffert
de ſi horribles douleurs , & avoient été ſi
fort en danger de mourir , que cela donna de la frayeur aux autres qui abandon-
nérent cette ſecte ; 3. & enfin , parce qu'é-
tant deffendu par les loix Romaines de ſe
faire Eunuque , il falloit en demander la
permiſſion au Magiſtrat Civil ; on ſe fit une

                    honte

honte de faire cette démarche , d'autant
plus qu'on étoit en quelque forte affuré
d'être presque toûjours refusé , témoin le
refus qui fut fait à ce jeune garçon dont
Justin Martyr fait mention dans sa seconde Apologie à l'Empereur Antonin , qui
alla demander cette permission au Préfect
Auguftat , parce que le Médecin ne vouloit pas mettre la main sur lui, *timore pœna* * Voila le commencement , le pro-
grès & la fin de cette secte.

D'autres motifs ont succedé à ceux d'O-
rigéne & de Valesius , & il y a eu des gens
qui se font faits Eunuques eux-mêmes par
des raisons différentes. Tout le monde
sçait l'histoire de Combabus, elle est dans
Lucien , mais l'illustre Monsieur Bayle l'a
renduë fort publique accompagnée de toutes ses circonstances dans son Dictionnaire
historique †. Combabus étoit un jeune Seigneur sçavant dans l'Architecture , à la
Cour du Roi de Syrie. Il fut choisi par
ce Monarque pour accompagner la Reine
Stratonice dans un voyage assez long qu'elle devoit faire, pour aller bâtir un Temple à Junon suivant les ordres qu'elle en
avoit reçûs en songe. C'étoit un très-beau
garçon, il crût que le Roi concevroit infailliblement quelque jalousie contre lui ,
il le supplia donc très instamment de ne
lui point donner cet Emploi, & n'ayant pû
obtenir cette dispense il se compta pour
mort

---

* l. 4 § 2. ff ad legem Corneliam de sicariis. & Veneficiis. † Voyez Diction. Hist. & Crit. de Mr. Bayle
tom. 1. pag. 955. & suiv.

Lort s'il ne prenoit garde à lui d'une maniére qui ne souffrit point de reproche. Il
obtint seulement sept jours pour se prépa-
rer à ce voyage ; voici donc quels furent
ses préparatifs. Dès qu'il fut à son logis ,
il déplora le malheur de sa condition , qui
l'exposoit à la triste alternative de perdre
sa vie ou son sexe, & après avoir bien soû-
piré il se coupa les parties secrettes qu'on
ne nomme pas , & les mit bien embau-
mées dans une boëte qu'il cacheta ; lors
qu'il fallut partir il donna la boëte au Roi
en presence d'un grand nombre de personnes , & le pria de la lui garder jusqu'à son retour. Il lui dit qu'il y avoit
mis une chose dont il faisoit plus de cas
que de l'or & de l'argent & qui lui étoit
aussi chere que la vie. Le Roi mit son
cachet sur cette boëte & la donna à garder au Maître de sa garderobe. Le voyage
de la Reine dura trois ans, & ne manqua
pas de produire ce que Combabus avoit
prévû , de sorte que l'évenement justifia
la précaution qu'il avoit prise.

Cette action de Combabus produisit un
autre motif de se faire Eunuque. Ses amis
intimes voulurent l'être pour le consoler
de sa disgrace, fondez sur cette ancienne
maxime , que *c'est une consolation pour les
malheureux que d'avoir des compagnons de leur
infortune.* Lucien ajoûte que cette conduite des amis de Combabus a servi de fondement à une coûtume qui s'observoit tous
les ans, de mutiler plusieurs personnes dans
le Temple que Stratonice & Combabus
avoient

avoient fait bâtir, & il dit qu'ils se mu-
tiloient *, sive Combabum consolantes, sive Ju-
noni, &c.*

Mais voici d'autres motifs bien différens
de celui de Combabus & de ses amis ; un
jeune Gentilhomme bien fait, ayant vaincu sa Maîtresse par ses instances & par
sa persévérance, ne pouvant par un malheur qui lui arriva, profiter de sa Con-
quête, parce qu'il ne fut pas le Maître
des instrumens de sa passion ; qui ne voulurent pas lui obeïr, & qui furent de glace
pendant que son cœur étoit embrasé, mor-
tifié de cette triste avanture, il se les
coupa, dès qu'il fut de retour au logis,
& les envoya à sa Maîtresse comme une
victime sanglante capable d'expier l'offense
qu'il lui avoit faite. Montagne qui rapporte l'histoire · fait cette exclamation, *si
s'eût été par discours & Religion comme les
Prêtres de Cybele, que ne dirions-nous d'une
si hautaine entreprise !*

Le même Montagne raconte l'action
d'un païsan de son voisinage, qui se fit
Eunuque par une raison bien differente ;
ce fut par chagrin contre sa femme, &
par emportement. Ce bon homme ren-
trant dans sa maison, sa femme qui étoit
jalouse de lui à outrance, & qui le tour-
mentoit sans cesse, lui ayant fait un mauvais accueil à son ordinaire, fondé sur les
soupçons que sa jalousie lui donnoit, il se
coupa, avec la serpe qu'il tenoit, les
parties qui lui donnoient de l'ombrage &
les lui jetta au nez. Voi-

____
* Essais liv. 2. ch. 29.

Voici une autre espéce de gens qui se font Eunuques ; ce sont des hommes qui craignent la lépre ou la goutte , & qui pour jouir de l'avantage qu'il y a à en être éxempt , aiment mieux perdre ceux qu'ils pourroient tirer de leurs parties viriles. Il est certain que la lépre n'attaque point les Eunuques : outre l'expérience voici ce que Mr. le Prêtre conseiller au Parlement de Paris en rapporte dans ses *Questions Notables de droit.* * *Antipathia verò Elephantiasis veneno resistit ; Hinc Eunuchi , & quicumque sunt mollis , frigidæ & effœminata naturæ , nunquam aut rarò lepra corripiuntur , & quidem quibus imminet lepra periculum de consilio medicorum , sibi virilia amputare permittitur. c. ex part. 11. ex. de corporæ vitiatis ordinandis , vel non ; Quod etiam aliquando permiserunt nonnulli leprosis ministrantes , manifesto experimento, magnoque vitæ & sanitatis commodo.* § Mezeray dit , dans la Vie de Philippe Auguste , qu'il *a lû qu'il y avoit des hommes qui appréhendoient si fort la l...drerie , cette vilaine & honteuse maladie , qu'ils se châtroient pour s'en préserver.*

Les Eunuques ne sont jamais chauves ; parce qu'ils ont le cerveau plus entier que les autres hommes à qui Venus en fait perdre une bonne partie , leur semence tirant de là sa principale origine. Ils sont aussi éxempts de la goutte , Hyppocrates † , & Pline

---

* Centuries 1. ch. C. de separatione ex causa luis Veerex. § Abreg Chronol. tom. 2. pag. 639. † Voyez ippocrat. lib. Aphorism. 28. & 29.

* Pline en rendent de très bonnes raifon?)
Cœlius Rhodiginus , le dit auffi au chapî-
tre trentiéme du livre quinziéme, *lectionum
antiquarum* ; Et dans quelqu'autre endroit
de ce même Ouvrage il dit , que les Eunuques feuls font éxempts d'être offenfez de
certaine vapeur qui fort de la terre en quelques lieux de l'Egypte , avec une telle
puanteur qu'elle fait mourir toute autre
forte de perfonnes. C'eft apparemment
la même chofe que ce qui eft rapporté par
Ammian Marcellin § , & par Dion dans la
Vie de Trajan touchant la grotte de Hie-
rapoli Il y a , difent-ils, une citerne clofe
de toutes parts , fur laquelle on a bâti un
Theatre, de deffous lequel il fort un vent
fi pernicieux à toutes fortes d'animaux qu'ils
meurent incontinent après en avoir été
atteints , excepté les hommes châtrez qui
ne fe fentent point du tout de la malignité
de ce vent.

D'autres fe font faits Eunuques par
fantaifie & par folie, témoin cet Athée
qui n'en avoit point d'autre raifon que fon
caprice, & qui le fit par pure extravagan-
ce. Témoin encore plufieurs autres dont
les noms & l'hiftoire font rapportez dans
l'excellent Ouvrage de Theodore Zuinger
intitulé , *Theatrum Vitæ humanæ.* †

Il y a des gens, enfin, qui fe font Eunuques, parce qu'étans condamnez à la mort
ils

* Plin. lib· 11. cap. 37. § lib 23. † Tom. 17.
lib. 3. tit. defectus teftium vel naturâ, vel cafu Eunuchi,
fpadones , caftrati. Et tit. Hermaphroditorum &
facrorum ridiculofum.

ils craignent l'infamie ou les douleurs du supplice & veulent les prévenir par cette opération qui les tuë infailliblement, parce qu'elle est mal faite & mal dirigée. D'autres étans accusez de crimes graves & énormes craignent d'être appliquez à la question, & pour éviter cette terrrible épreuve & la confession qu'elle extorqueroit de leur bouche, ils s'ôtent la vie par cette mutilation.

CHAPITRE VII.

Des Eunuques ainsi nommez à cause de leurs Emplois ; Et de ceux qui le font dans un sens figuré.

Ceux qui ont rempli des dignitez qui avoient été originairement occupées par des Eunuques, ont été eux-mêmes appellez Eunuques, de la même maniére que ceux qui occupent dans les Tribunaux & dans les Conseils, les places qui n'étoient autrefois données qu'à des vieillards sont encore appellez aujourd'hui Sénateurs. Les Eunuques avoient divers Offices & faisoient des fonctions différentes dans les Cours des Princes. Ceux qui ont succédé a ces Offices ont été appellez Eunuques, & c'est en ce sens qu'il est

eſt parlé dans l'Ecriture Sainte des Èu-
nuques de Pharao Roi d'Egypte, de David, des Rois d'Iſraël, des Rois de la Ju-
dée, d'Aſſuerus Roi de Perſe, des Rois
de Babilone; de celui de la Reine de Candace ; & du Préſident, ou de l'Intendant
des Eunuques. On peut dire même que ce
mot, *Eunuque* étoit autrefois un terme général qui ſignifioit toutes ſortes d'Officiers
des Rois ou des Princes de quelque qualité
& de quelqu'ordre que fuſſent ces Officiers. Ces Eunuques n'étoient ainſi appellez que parce qu'ils repréſentoient dans
leurs Emplois les Eunuques proprement
ainſi nommez qui y avoient été leurs
prédéceſſeurs. Les premiers étoient Eunuques, *ratione impotentia & adempta viri-*
litatis ; les autres ne l'étoient que *ratione*
officii. Putifar, par exemple, qui étoit
l'Eunuque de Pharao, ne l'étoit que
parce qu'il poſſédoit une Charge qui n'a-
voit été occupée juſques-là que par des
Eunuques. On n'en peut point douter,
puis que Putifar avoit une femme, &
une fille nommée Aſenech, que l'on a
crû avoir été mariée à Joſeph. Nous verrons plus particulierement dans la ſuite
quels poſtes ou plûtôt quels rangs, les Eunuques tenoient dans les Cours de ces
Rois & de ces Princes, & dans d'autres
Cours dans leſquelles ils étoient établis ;
voyons preſentement ce que c'eſt qu'un
Eunuque, ce mot étant pris dans un ſens
figuré.

On appelle Eunuque un homme chaſte,
qui

qui vit sagement dans le Célibat. Tels étoient les Juifs Esseniens dont parle Joseph l'Historien * & ces Juifs Pharisiens qui demeuroient dans la continence, & qui se faisoient pour cela des violences ridicules & superstitieuses, qui gardoient dis-je la virginité pendant plusieurs années pour le Royaume des Cieux, dans la pensée qu'ils le méritoient & qu'ils se l'aquéroient par cette voye. Il y a plusieurs Interprétes très sensez qui croyent que quand Jesus Christ dit dans Saint Mathieu qu'il y a des Eunuques qui se font faits Eunuques eux-mêmes pour le Royaume des Cieux, il fait allusion à ces deux Sectes de Juifs. Qu'il n'entend point prescrire aux Chrétiens ce qu'ils doivent faire à cet égard, mais qu'il leur parle de ce qui s'étoit pratiqué jusqu'alors dans le Judaïsme depuis que la République, & la Religion corrompuë étoient passées aux Juifs. Il blâme la témérité de ces gens qui se faisoient Eunuques, pour le dire ainsi, dans la vûë de gagner le Paradis par-là, soit en demeurant Eunuques pendant un certain tems, comme si la continence n'étoit pas au dessus des forces humaines, & comme si ce n'étoit point un don de Dieu qu'il accorde à peu de gens. En effet il ne dit pas aux Chrétiens qu'il y en aura qui se feront Eunuques, ou qu'il doit y en avoir qui doivent se faire Eunuques, mais qu'il y en a qui se font

faits

* Joseph. Antiquit. Judaïq liv. 18. ch. 2. Idem de la guerre des Juifs liv. 2. ch. 7.

faits Eunuques par le paſſé. Le mot † Grec
qui eſt employé dans l'Original eſt un prété-
rit, ce qui marque non ce qui ſe pratiquoit
parmi les Chrétiens, ou ce qui devoit ſe
pratiquer à la ſuite parmi eux, mais ce qui
s'étoit pratiqué avant eux & qui ſe pratiquoit encore alors parmi quelques ſectes de
Juifs. * Saint Epiphane réfute les Héré-
ſies de ces deux ſortes de Sectes, & fait
voir éxactement en quoi elles conſiſtoient
alors. § Un célébre Docteur Anglois
prétend que ceux dont Jéſus Chriſt parle
dans ſaint Matthieu, ſont ceux qui vi-
vent chaſtement, parce que Dieu l'a com-
mandé, ſoit qu'ils ſoient mariez ou non.

Je n'étendrai pas trop loin la ſignification
figurée du mot, *Eunuque* ; Tout le monde
ſçait que le mot *châtré* qui eſt à peu près le
même que celui d'Eunuque, ſe dit des choſes dont on a retranché quelque partie. Il
y a eu des femmes Eunuques ; Andramis
premier Roi de Lydie a été le premier qui
en a fait châtrer, il s'en ſervoit au lieu
d'hommes Eunuques. On dit un livre châtré, lorſqu'on en a retranché quelque choſe,
par exemple, la traduction que Mr. d'A-
blancourt a faite de l'Eunuque de Lucien,
eſt châtrée, parce que ſous prétexte d'en
retrancher quelques obſcenitez, il en a ôté
pluſieurs périodes. On dit des Côtrêts châtrez,

† Εὐνύχισαν.
* Liv. 1. tom. 1. Heres 15. 16. Mr. Dodvel,
dans ſes additions aux Oeuvres Poſthumes & Chronolo-
giques de Pearſon ; dans ſa digreſſion ſur le ch. 6. à l'occaſion de le prétenduë Domitille, Vierge & Martyre.

trez, une ruche de Mouches à miel châtrée;
des Arbres & des Ceps de vigne châtrez.
On dit même qu'on a châtré un homme quoi
qu'il ait encore ses parties viriles , lors
qu'on l'a châtré de la langue ou de quelqu'autre membre du corps que ce soit ;

* *Si Hercle ego te non elinguendam dedero usque*
    ab radicibus ,
Impero auctorque sum, ut tu me cujus castran-
    dum loces.

Un Auteur moderne † dit qu'on remarque
entre les bizarreries étranges de Domitien
qu'il fit arracher les Vignes de plusieurs
Provinces particuliérement des Gaules ;
& que comme à son avénement à l'Empire, affectant la réputation de bon Prince, il avoit deffendu de plus couper les jeunes garçons (car le luxe & l'inhumaine
volupté des riches se donnoit impunément
la licence de faire cet outrage à la nature
pour avoir des Eunuques à la mode des
Orientaux.) Le Philosophe Appollonius ,
grand ennemi de la Tyrannie dit ce bon mot
qui a été relevé & conservé , *que ce Prin-*
ce véritablement avoit conservé la virilité aux
hommes, mais qu'il avoit châtré la terre. Voilà donc la terre Eunuque , mais c'est une
raillerie d'Appollonius , & il ne la rapporte que pour faire voir en combien de
sens & de maniéres , ce mot peut être pris.
Il y a eu des Eunuques dans le mariage

* Plaut. In Aulular. Act. 2. Scen. 2. v. 72. 73.
† Mezerai Histoire de France avant Clovis in 12.
pag. 160.

ge quoiqu'ils fuſſent fort en état d'en remplir les devoirs ; Quelques Interprêtes
croyent que tels étoient ces Eunuques dont
il eſt parlé au chapitre cinquante-ſixiéme
d'Eſaïe, mais il y a peu d'apparence, car
il eſt dit qu'ils ne ſont que des troncs deſſéchez ce qui ne convient qu'aux vérita-
bles Eunuqües. Il y en a une infinité d'autres qui ne ſouffrent aucune conteſtation,
tel eſt celui dont Gregoire de Tours parle
dans ſon Hiſtoire de France. Un certain
Sénateur de Clermont en Auvergne , qu'il
dit s'être nommé Injurioſus, fils unique,
fut fiancé à une fille auſſi unique & de
ſa qualité , mais riche. S'étant épouſez
quelques jours après, on les mit au lit en
la maniére accoutumée. D'abord que l'E-
pouſe y fut , elle ſe tourna du côté de la mu-
raille , ſoupira & pleura amérement. Le
jeune Epoux ſurpris, lui demanda, la preſ-
ſa, & la conjura par Jéſus Chriſt Fils de
Dieu, de lui dire ou de lui faire entendre ſagement quel étoit le ſujet de ſa triſt-
teſſe, elle lui dit qu'elle avoit fait vœu
de demeurer Vierge toute ſa vie, & que
ſe voyant ſur le point de violer ſon vœu,
elle croyoit que Dieu l'avoit abandonnée.
Qu'au lieu de Jéſus Chriſt qu'elle croyoit
avoir pour Epoux qui lui avoit promis de lui
donner le Royaume des Cieux pour pré-
ſent des nôces , elle n'avoit qu'un homme mortel qui ne pouvoit lui donner que
des choſes périſſables, & fit de grandes ex-
clamations ſur ce ſujet. Ce jeune homme
qui avoit beaucoup de piété lui repreſen-

ta que comme ils étoient l'un & l'autre enfans uniques , on les avoit mariez ensemble afin d'avoir lignée & de perpétuer leur famille Noble ; & afin sur-tout que leurs biens ne tombassent point dans des mains étrangéres. Elle répliqua que le monde & ses richesses n'étoient rien ; que la pompe de ce siécle n'étoit qu'une fumée ; que la vie n'étoit qu'un vent , & qu'il valoit bien mieux aquerir les biens du Paradis , & la Vie éternelle. Elle dit tout cela d'une maniére si vive & si touchante , qu'elle persuada son Epoux , & qu'elle en tira ces paroles si conformes à ses desirs. Que si c'étoit la volonté de s'abstenir de toute convoitise , & de toute œuvre de la chair , il lui promettoit de se conformer à son intention. Elle lui dit que c'étoit une chose difficile à pratiquer , cependant , que 'il tenoit parole & que tous deux demeurassent Vierges dans ce monde, elle lui feroit part d'une partie du Douaire qui lui voit été promis par son Epoux & Seigneur esus Christ , lors qu'elle se donna , & u'elle se voua à lui comme Epouse & Serante. Il lui renouvella sa promesse, l'asura qu'il effectuëroit ce à quoi elle l'exhoroit , & s'étans donnés la main l'un à l'autre , ils s'endormirent ; Ils couchérent deuis dans un même lit pendant plusieurs anées sans blesser leur Vœu de chasteté. Tout cela n'a été sçû qu'aprés leur mort. l'Epouse étant décédée la premiére , son poux fit ses funérailles , & la mettant ans le sepulchre , il dit ces paroles à haute
voix

voix, *Je te rends graces, Seigneur Dieu Eternel,
de ce que je te restituë ce trésor aussi entier que je
l'avois reçû de toi en dépôt.* L'Histoire dit,
que l'Epouse lui répondit comme en soû-
riant, *Pourquoi révéles-tu un secret sans en être
requis ?* Et elle ajoûte un autre miracle que
je ne rapporte point , parce qu'il ne s'en
agit point ici.

Nicéphore Calliste * & l'Histoire tripartite
§ rapportent à peu près la même chose d'un
Egyptien nommé Amon qui a été depuis
Religieux. La différence qu'il y a eu , c'est
que ç'a été le mari qui a sermoné sa femme,
au lieu que dans l'histoire précédente ç'a été
la femme qui a persuadé son mari. Mais
la même chose précisément est arrivée à
l'Empereur Henri. Il a vécu avec l'Impératrice Chunegonde sa femme comme le
jeune Gentilhomme Auvergnat dont je
viens de parler , vécut avec la sienne. Chunegonde étoit une Princesse qui joignoit la
jeunesse à la beauté , cependant ayant dit à
Henri qu'elle avoit fait vœu de chasteté ,
il vécut avec elle comme avec sa sœur. Lors
qu'il fut au lit de la mort , il rendit un témoignage public devant tous les Princes & les
Seigneurs de sa Cour ; Vierge , leur dit-il,
vous me l'avez donnée , & Vierge je vous
la rends. Ils ont été canonisez l'un & l'autre pour cela par Eugene I I I. comme l'Illustre Mr. Godeau nous l'apprend dans ses
Eloges †. On peut dire à peu près la même
chose de Marcien qui vécut de même en

Eu-

* Liv. 8. chap. 41. § Liv. 1. ch. 12. † Elog. 5. des
Empereurs. Elog. 9. des Impératrices.

Eunuque avec Pulcheria fa femme, & de
plufieurs autres ; Mais les exemples que je
viens de rapporter fuffifent. Si quelqu'un
veut en voir un plus grand nombre , qu'il
life le chapitre feptiéme du Livre quatriéme
de Marule ; & le Livre neuviéme de l'Hiftoire de Cromerus , dans lequel il trouvera
l'Hiftoire de Boliflaus V. , & de Cunegon-
de fa femme , qui d'un confentement mu-
tuel vécurent enfemble toute leur vie dans
une parfaite continence ; ce qui a donné
lieu à un Polonois nommé Clément Lati-
nius de faire ces deux Vers ,

Conjuge confenuit cum Virgine Virgo maritus
Addictus ftudiis Cafta Diana tuis.

CHAPITRE VIII.

Quel rang les véritables Eu-nuques ont tenu dans la fociété civile.

COmme on a mis de tout tems une grande différence entre les Eunuques qui
étoient nez Eunuques , ou qui avoient été
faits tels dès leur naiffance , ou par force
dans un âge plus avancé , & entre ceux
qui fe font faits Eunuques eux-mêmes volontairement , il eft néceffaire de les diftin-

C   guer.

quer ici. J'en ferai donc deux claſſes, &
d'abord j'éxaminerai quel rang les Eunuques forcez que je mets dans la premiére,
ont tenu dans la ſociété civile.

On ne peut pas faire une hiſtoire éxacte
& ſuivie qui montre le rang que ces ſortes
de gens ont tenu dans la ſociété civile,
cela méneroit trop loin & m'écarteroit
trop de mon but. Je dirai donc ſeulement,
qu'il paroît par l'Hiſtoire Sainte, & par
l'hiſtoire prophane, que les Eunuques ont
poſſédé les premiéres & les principales
Charges dans les Cours, & qu'ils ont eu
la confiance & la faveur de leurs Princes ;
Et je me contenterai d'en donner quelques
éxemples.

Je ne parlerai point d'une raiſon odieuſe
pour laquelle les Princes les aimoient autrefois; Tout le monde ſçait l'hiſtoire de
Sporus * ; Néron le fit chatrer, & ſa folie
fut ſi grande qu'il tâcha de lui faire changer de ſéxe; Il lui fit prendre l'habit de
femme, il l'épouſa enſuite avec toutes
les formalitez accoûtumées, il lui donna
un douaire, un voile nuptial, & le tint
dans ſa maiſon en qualité de femme ; à
propos de quoi quelqu'un dit aſſez plaiſam-
ment que le monde eût été bien heureux
ſi ſon Pére Domitien eût eu une telle femme ; Il fit habiller ce Sporus à la maniére
des Impératrices, & le faiſant porter en
litiére il l'accompagna aux Aſſemblées &
aux marchez de la Gréce, & à Rome dans
le quartier des ſigillaires, où il le baiſoit

à

à chaque moment. Je ne rapporte que cet exemple, parce que j'en ai dit assez sur ce sujet dans le chapitre cinquiéme de cette premiére partie de mon Ouvrage.

Nous voyons dans le Livre d'Ester § que sept Eunuques étoient les Officiers ordinaires du Roi Assuerus, & qu'en particulier l'Eunuque Egée avoit le soin de garder les femmes de ce Roi ; † Il y en avoit deux autres nommez Bagathan & Tharés qui commandoient à la premiére entrée du Palais du Roi ; * l'Histoire de Judith nous apprend, que les Huissiers de la Chambre d'Olopherne étoient des Eunuques, & que Vagao, ou Bagoas en étoit le principal ; c'étoit lui qui avoit soin de la personne du Maître & de ce qui concernoit sa garderobe & son lit ; § l'Eunuque de la Reine de Candace qui fut batisé par Philippe, étoit un des premiers Officiers de cette Reine, & Sur-intendant de ses finances, & de tous ses trésors ; * c'étoit un Eunuque qui commandoit les troupes de Sedecias Roi des Juifs. Cyrus victorieux de tous ses ennemis, Crœsus & Sardes étans entre ses mains, ayant pris Babylone, établit sa demeure dans le Palais Royal de la plus grande Ville de l'Univers ; & considérant qu'on ne l'y voyoit pas de bon œil, & qu'on ne lui vouloit pas de bien, crût qu'il avoit besoin d'une forte Garde pour la sûreté de sa personne. Il ne prit cependant que des Eunuques pour ses

C 2

gardes

---

§ Ch. 1. v. 10.　† Ibid. ch. 2.　* Judith. ch. 12.
§ Act. ch. 8. v. 26.　* Jérémie ch. 52. v. 25.

des & pour les Officiers de sa Maison ;
& les raisons qui l'y portérent sont amplement & éxactement déduites sur la fin du
chapitre sixiéme du Livre septiéme de son
Histoire ou de la Cyropedie. On donnoit
les enfans en garde aux Eunuques, on
leur laissoit le soin de les élever, de leur
donner de * l'éducation, de les instruire
dans les belles lettres, & de leur enseigner les sciences & les disciplines ; Tous
ces différens emplois les avoient rendus
recommandables dans le monde. Les Rois
& les Princes, soit qu'ils eussent été leurs
éléves, soit qu'ils ne les eussent point été,
les estimoient & les honoroient particuliérement ; Ils avoient en eux beaucoup
de confiance, & ces Eunuques profitant
de ces avantages se rendoient insensible-
ment les Maîtres du Gouvernement & de
l'Etat, & abusérent beaucoup de leur crédit ; la Religion Chrétienne en a quelquefois souffert. Les Cours se remplissoient
de ces sortes de gens, & ils s'emparoient
de tous les principaux emplois. Voici un
éxemple bien précis qui justifie cette vérité ; C'est la Cour de l'Empereur Constance, elle étoit pleine d'Eunuques & ils y
étoient les maîtres de toutes les affaires ;
Voici de quelle maniére Mr. Herman en
parle dans l'excellente Vie de § St. Athanase. » Avant que d'attaquer le Prince
» même, ce Prêtre Arrien fut assez adroit
» pour gagner ceux qui étoient autour de
lui,

* Plat. de leg. lib. 3. § Grégoire de Naziance Oraison 23.

" lui, car la familiarité qu'il avoit avec *
" l'Empereur l'ayant fait connoître de
" l'Impératrice il entra aussi dans la fami-
" liarité de ses Eunuques, & particuliére-
" ment dans celle d'Eusébe qui étoit le
" premier de cette troupe efféminée, &
" l'un des plus méchans hommes du mon-
" de; § Ayant prévenu l'esprit de cet
" Eunuque il pervertit les autres par son
" moyen; ensuite il fit passer ce poison
" mortel dans l'ame de l'Impératrice, &
" dans le Cœur des Dames de la Cour; ce
" qui a fait dire à St. Athanase que les Ar-
" riens se rendoient terribles à tout le mon-
" de, parce qu'ils étoient appuyez du cré-
" dit des femmes.

" Après cela il ne fut pas difficile à ce
" Prêtre Arrien de se rendre Maître de
" l'esprit de l'Empereur, qui étoit lui-mê-
" me l'esclave de ses Eunuques dont il avoit
" rempli toute sa Cour, & qui ne suivoit
" en toutes choses que les conseils & les
" mouvemens de ces hommes lâches.

" Mais quelque crédit qu'eussent tous les
" autres, ce n'étoit que comme de petits
" serpens qui ne faisoient que ramper, au
" lieu qu'Eusébe son grand Chambellan le-
" voit la tête avec orgueil; † & en effet
" il se rendoit si formidable par sa puis-
" sance, que selon les historiens, pour en
" concevoir quelqu'idée qui fût conforme
" à la vérité, il suffisoit de dire que Con-
" stance avoit beaucoup de crédit auprès de

C 3

lui.

* Athanas. ad solitar. pag. 384. § Amm. Marcell.
liv. 18. † Ibid. liv. 15.

" lui. Eux de leur côté le flatoient jufqu'à
" lui donner le titre de Roi éternel. * Ils
" nous ont auffi dépeint fes excellentes
" qualitez par ce bel Eloge, qu'il avoit
" une vanité infupportable, qu'il étoit
" également injufte & cruel, qu'il punif-
" foit fans examen ceux qui n'étoient con-
" vaincus d'aucun crime, & qu'il ne fai-
" foit point de difcernement entre les in-
" nocens & les coupables. § Les Auteurs
" prophanes font remplis de plaintes con-
" tre la malignité & la domination Tyran-
" nique de cet Eufébe & des autres Eunu-
" ques de Conftance, mais ils ne confi-
" dérent que les maux qu'ils firent à l'E-
" tat, & nous avons fujet de déplorer ceux
" que l'Eglife reffentit par leur violence ;
" On vit ces hommes † voluptueux & effé-
" minez, à qui les hommes du monde
" confient à peine les moindres emplois qui
" concernent le fervice de leurs maifons,
" & que l'Eglife bannit de fes confeils,
" felon fes régles faintes & inviolables,
" devenir les Maîtres & les Souverains de
" toutes les affaires de l'Eglife, & dominer
" dans fes jugemens, parce que Conftan-
" ce n'avoit point de volonté que celle
" qu'ils lui infpiroient, & que ceux qui
" portoient le nom d'Evêques, trouvoient
" de la gloire & du mérite à être les Mi-
" niftres & les fidéles éxécuteurs de toutes
" leurs paffions & à devenir les acteurs des
" piéces de Théatre, que ces hommes fi
" mé-

* Ibid. l. 8. ch. 15. § Julian. Imperat. a l Athenienf.
pag. 50. † Athan. ad folitar. pag. 834. 835.

» méprisables & si corrompus avoient com-
» posées. * Nous allons donc voir que ce
» furent eux qui causérent tous les maux
» & tous les desordres que l'Eglise souffrit
» alors , comme certes ils étoient très-
» dignes d'être les Protecteurs de l'hérésie
» Arrienne , & les ennemis de la divine
» fécondité du Pere éternel. Voici ce que
» St. Athanase ajoûte à cela. L'Eunuque
» Eusébe, dit-il , étant arrivé à Rome ,
» sollicita d'abord Libére de souscrire la
» condamnation d'Athanase , & d'entrer
» dans la Communion des Arriens , disant
» que c'étoit la volonté de l'Empereur , &
» l'ordre exprès qu'il lui portoit de sa part ;
» & ensuite après lui avoir montré les pré-
» sens par lesquels Il tâchoit de le séduire ,
» il lui prit la main & lui dit , *laissez-vous*
» *persuader par l'Empereur, & recevez ce qu'il*
» *vous donne.* Mais cet Evêque s'en défen-
» dit fortement & justifia sa résistance par ce
» discours. . . . . Voilà , dit-il , ce que
» répondit Libére à Eusébe , mais cet Eu-
» nuque étant moins affligé de ce qu'il n'a-
» voit pas souscrit la condamnation d'Atha-
» nase , que de ce qu'il trouvoit en sa per-
» sonne , un ennemi de leur Hérésie , & ne
» considérant pas qu'il étoit devant un Evê-
» que , après lui avoir fait de grandes me-
» naces , il le quitta, sortit avec les présens
» qu'il venoit de lui offrir , & fit une chose
» aussi contraire à la maniére d'agir des
» Chrétiens, qu'elle étoit même au dessus

C 4

» de

S. Athanas. ad solitar. pag. 851. & Herman Vie de S.
Athanase liv. 7. ch. 10.

» de la témérité des Eunuques. ....
» Une action si généreuse ayant augmenté
» la colére & le transport de cet Eunuque,
» il irita l'Empereur en lui répréfentant
» qu'il ne devoit plus fe mettre en peine de
» ce que Libere ne vouloit pas figner la
» condamnation d'Athanafe , mais de la
» difpofition d'efprit qu'il faifoit paroître
» contre leur Héréfie qui lui étoit fi odieufe
» qu'il prononçoit nommément des Ana-
» thêmes contre les Arriens ; Il échauffa
» auffi par ce difcours l'efprit des autres Eu-
» nuques , & il y en avoit un très grand
» nombre à la Cour de l'Empereur , qui
» pouvoient tout auprès de lui , & fans la
» participation defquels il ne faifoit rien.
» Conftance écrivit donc à Rome , conti-
» nuë notre Saint, & il y envoya tout de
» nouveau des Officiers de fon Palais, des
» Sécrétaires , & des Comtes, avec des
» lettres qu'il adreffoit au Gouverneur de
» la Ville ; Et il leur avoit donné l'ordre,
» ou de furprendre Libére par leurs rufes &
» par leurs artifices pour le faire fortir de
» Rome , & l'envoyer à fa Cour , ou d'em-
» ployer ouvertement la violence & l'ou-
» trage afin de le perfécuter. Ces écrits rem-
» plirent toute la Ville de frayeur & d'épou-
» vente, & ce n'étoit qu'embuches de tou-
» tes parts. Combien y eût-il de familles
» à qui on fit des menaces ? Combien de
» perfonnes reçurent des commandemens
» contre Libére ? Combien y eût-il d'Evê-
» ques qui fe cachérent quand ils virent
» ces excès ? Combien y eût-il de Dames
illuftres

„ illuſtres qui ſe retirérent à la Campagne
„ à cauſe des calomnies dont les chargeoient
„ ces ennemis de Jéſus Chriſt ? Combien y
„ eut-il de ſolitaires qui ſe trouvérent expo-
„ ſés à leurs embuches ? Combien firent-ils
„ perſécuter de perſonnes qui avoient éta-
„ bli leur demeure dans la ſolitude pour le
„ reſte de leurs jours ? Quels ſoins ne pri-
„ rent-ils point par pluſieurs fois, de faire
„ garder les ports, & les portes de la Ville ,
„ de peur qn’aucun Catholique n’y entrât
„ pour voir Libére ? Rome connut alors par
„ expérience quelle étoit la conduite de ces
„ impies qui déclaroient la guerre à Jéſus
„ Chriſt même , & elle apprit pour l’ave-
„ nir ce qu’elle n’avoit pas crû juſqu’à ce
„ tems-là, pour ne l’avoir ſçû que par le
„ récit des autres , ſçavoir de quelle manié-
„ re ils avoient renverſé toutes les autres
„ Egliſes en tant de Villes différentes.

„ C’étoit des Eunuques qui faiſoient tous
„ ces deſordres , & qui étoient auteurs de
„ tous les excès que les autres commettroient
„ de toutes parts. Et il n’eſt pas en effet
„ étrange , que comme l’Héréſie des At-
„ riens fait profeſſion de nier le Fils de
„ Dieu , elle s’appuye du crédit des Eunu-
„ ques , qui étans naturellement ſtériles
„ & ne l’étans pas moins dans l’ame en ce
„ qui regarde les actions de piété & de ver-
„ tu que dans le corps , ne peuvent du tout
„ ſouffrir que l’on parle du Fils de Dieu.
„ Cependant , l’Eunuque de la Reine d’E-
„ thiopie ne comprenant pas ce qu’il liſ ,
„ crût les inſtructions que lui donna ſaint

„ Phi-

,, Philippe touchant le Divin Sauveur. Mais
,, les Eunuques de Conftance ne peuvent
,, fouffrir que Saint Pierre ait autrefois con-
,, feffé fa Divinité; ils s'élévent même con-
,, tre le Pére Eternel quand il déclare que
,, c'eft fon Fils , & s'emportent de fureur
,, contre ceux qui difent que c'eft le vérita-
,, ble Fils de Dieu; c'eft pour ce fujet que
,, la Loi deffend de les admettre dans les
,, Jugemens Eccléfiaftiques. Mais les Ar-
,, riens viennent de les en rendre les maî-
,, tres. Conftance ne prononce rien que ce
,, qui leur eft agréable , & ceux qui portent
,, le nom & la qualité d'Evêques n'en di-
,, fent mot, & regardent tous ces defordres
,, avec diffimulation. Hélas ! Qui fera ce-
,, lui qui écrira un jour cette Hiftoire , &
,, qui fera paffer jufqu'à une autre généra-
,, tion la rélation funefte de tant de triftes
,, événemens ? Qui poura croire un jour de
,, fi grands excès quand on entendra dire que
,, des Eunuques à qui on confie à peine le
,, foin des affaires domeftiques , & dont le
,, fervice eft fufpect en ces rencontres, par-
,, ce que c'eft un genre de perfonnes qui
,, n'aiment que le plaifir & qui n'ont point
,, d'autre but que d'empêcher dans les au-
,, tres ce que la nature leur a refufé à eux-
,, mêmes ; Que ces Eunuques , dis-je, gou-
,, vernent maintenant les Eglifes !

Ce Saint fait paroître une jufte indignation contre les Eunuques qui étoient alors
abfolus à la Cour , & qui fe font rendus éxé-
crables à leur fiécle & à toute la poftérité.
L'Arrianifme étoit tellement répandu parmi

tni eux , qu'en ce tems-là porter le nom
d'impie & celui d'Eunuque étoit la même
chofe , felon Saint Grégoire de Nazianze *.
Et leurs violences ont été fi odieufes aux
Payens mêmes , qu'Ammian Marcellin a
écrit d'eux , qu'ayant toûjours de la fierté
& de l'aigreur , & n'ayant pas les liaifons
domeftiques & les engagemens naturels
qu'ont les autres hommes , ils n'embraffent
que leurs richeffes qu'ils confidérent comme leurs très chéres & très agréables filles.

† Mr. Herman dit , que l'Hiftoire de ce
combat eft devenue fi célébre dans toute la
poftérité , que les Payens même en ont
marqué l'événement ; mais qu'il aime
mieux puifer dans les fources pures que d'a-
voir recours à ces ruiffeaux fi bourbeux ; Et
que comme il préfére avec raifon le témoignage de Saint Athanafe à celui de tous les
Auteurs de ce fiécle , c'eft par fes propres
paroles qu'il doit commencer l'importante
relation de laquelle j'ai tiré ce que je viens
de rapporter fur ce fujet.

Les Eunuques avoient été tout-puiffans
du tems du grand Conftantin , Pére de
l'Empereur Conftance dont je viens de parler. Il les avoit élevez aux premiéres Dignitez & les appelloit fes Amis ; mais ayant
appris combien ils étoient pernicieux à l'E-
tat , il les en avoit dépouillez , & les avoit
réduits à fe borner uniquement aux affaires
domeftiques. § Il y a dans le Code Théo-
dofien une Loi qui nous apprend que tout
C 6

l'Em-

* Gregor. Nazianz. orat. 31. † Liv. 7. ch. 10.
§ Liv. 9. tit. 1. l. 4.

l'Empire avoit gémi sous l'oppression de ces sortes de gens, sans avoir osé se plaindre ; mais que l'Empereur en ayant eu connoissance, avoit publié cette Loi, par laquelle il invite tout le monde à venir dire ses griefs ; il promet d'écouter lui-même ce qu'on aura à dire contre ces sortes de gens, & de punir ceux qu'on aura convaincu de quelque crime. Il les fit exclurre du Sacerdoce dans le fameux Concile de Nicée qu'il assembla. Cependant , quoi qu'ils fussent , pour le dire ainsi , dégradez & destituez de tous les Emplois publics , civils & militaires , comme ils approchoient de l'Empereur, & qu'ils en avoient l'oreille , ils étoient encore formidables , & on les craignit jusques à ce qu'ils fussent entiérement éloignez. Licinius qui a été son Allié, & pendant quelque tems son Compagnon à l'Empire , les haïssoit beaucoup ; il les appelloit *la tigne & la vermine de l'Etat ;* * mais comme Licinius a été un Tyran, & un Prince qui s'est rendû odieux par plusieurs raisons, ce qu'il a fait dans des vûës particuliéres ne peut point être tiré à conséquence. † Aléxandre Sévére ne les avoit point aimez , il les appelloit *tertium hominum genus ;* Et au lieu que Heliogabale qui l'avoit précédé avoit été leur esclave , & Eunuque lui-même , il les humilia & les abaissa , il les réduisit à un fort petit nombre. Il en donna plusieurs à ses Amis , & pour montrer le peu de cas qu'il en faisoit ,

il

* Euseb. Hist. Ecclef. liv. 10. ch. 8. † Ælius Lampridius.

Il leur dit en les leur donnant que s'ils n'a-
voient pas de meilleures mœurs que celles
qu'ils avoient euës jusqu'alors, ils pouvoient les tuer sans forme de procès. Il est
extrémement loué dans l'Histoire de n'a-
voir pas imité les Rois de Perse qui se lais-
soient tellement gouverner par les Eunuques, que ces sortes de gens les cachoient à
leurs Sujets, qui ne pouvoient leur rien dire ni en recevoir aucune réponse que par
leur canal ; Ils leur rapportoient les choses
comme il leur plaisoit, souvent tout autrement qu'elles n'étoient, & prenans grand
soin que le Roi ne sçût que ce qu'ils vouloient bien qu'il sçût, il arrivoit souvent
de grands inconvéniens, parce qu'ils donnoient telles impressions qu'il leur plaisoit,
& au Roi, & à ses Sujets ; * L'Histoire
d'Orsines en est une preuve ; Orsines étoit
un descendant de Cyrus, le plus grand Seigneur de la Perse, & le Sang le plus noble
de l'Orient; Il fit de grands présens aux
Principaux de la Cour d'Aléxandre, & né-
gligea Bagoas ; Quelqu'un lui ayant dit qu'il
avoit mal fait, parce qu'Aléxandre aimoit
cet Eunuque ; il répondit qu'il honoroit
les Amis du Roi, mais non pas ses Eunuques ; Et que les Perses se servoient autrement de ces gens-là que les Grecs; Ce discours ayant été rapporté à Bagoas il jura la
ruine d'Orsines, homme d'une vie sans reproche ; En effet, il fit tant de faux & de
secrets rapports contre lui à Aléxandre,
qu'il l'aigrit & qu'il l'anima contre lui, de
sorte

* Quint. Curt. lib. 10. cap. 1.

forte qu'enfin il le fit mettre dans les fers ;
& le condamna à la mort. Bagoas ne fut
pas content de faire traîner un innocent au
fupplice, il eut bien l'impudence de le
frapper dans le tems qu'il alloit mourir,
mais Orfines l'envifageant avec indignation lui dit, j'avois bien ouï dire que des
femmes avoient autrefois régné dans l'Afie,
mais il m'eft nouveau d'y voir régner un infame Eunuque. Aléxandre Sévére inftruit
de tous les defordres que ces Eunuques
avoient fait, il les dompta tous, & les ré-
duifit prefque à rien. Ces Eunuques étoient
des gens qui vouloient fçavoir tout ce qui
fe faifoit à la Cour, & qui vouloient qu'on
crût qu'il n'y avoit qu'eux qui le fçuffent,
c'étoit à eux à qui on s'adreffoit pour obtenir des graces du Prince ; les Gouverne-
mens de Province ne s'obtenoient que par
leur moyen, & ils vendoient à deniers
comptans ce que le Prince donnoit definté-
reffément. Cet Empereur aimoit affez la
folitude, il vouloit être feul ordinairement
après le dîner & à certaines heures du ma-
tin, perfonne alors ne pouvoit le voir. Un
certain Vetronius Turinus profitoit de cette retraite & faifoit croire aux gens, que
dans ce tems là il lui perfuadoit & lui faifoit
faire tout ce qu'il vouloit, il le faifoit paffer pour un fat qu'il conduifoit à fon gré,
& fous ce prétexte il promettoit à tout le
monde ce qu'on lui demandoit, & fe faifoit fort de le faire agréer ou éxécuter par
Sévére, moyennant quoi il recevoit &
amaffoit des fommes immenfes. Comme il
n'é-

n'étoit pas vrai que l'Empereur fût tel qu'il
le difoit , ni qu'il eût le crédit dont il fe
vantoit , il ne tenoit parole à perfonne ;
ce qui donna lieu à bien des gens de mur-
murer. Cette conduite de Turinus étant
enfin parvenuë à la connoiffance de l'Empereur, il voulut qu'on fe rendit partie contre lui, & qu'on l'accufât, de forte que ce
qu'il avoit promis & qu'il n'avoit point ef-
fectué, & les fommes qu'il avoit touchées
pour cela ayant été découvertes , Sévére
le fit attacher à un poteau dans un lieu paf-
fant, & le fit mourir par la fumée qui s'é-
levoit vers lui d'un bois verd & humide
qu'on avoit allumé ; * Et pendant qu'il
fouffroit fon fupplice il y avoit un homme
qui crioit, *fumo punitur qui vendidit fumum.*
Les Eunuques furent plus confidérez
fous Conftantin pendant un certain tems,
Ils le furent encore plus fous Conftance ,
comme je l'ai fait voir. Ce Prince ni fes
fréres, ne furent ni aimez de feurs Sujets ,
ni craints de leurs ennemis , comme Conftantin leur Pére l'avoit été, & ils avoient
eine à foûtenir une partie du fardeau qu'il
avoit porté lui feul avec tant de gloire ; les
Eunuques furent en crédit fous leur Régne.
Il paroît qu'ils ont encore été en faveur du
tems de Théodofe le jeune ; † car on voit
dans le Code qui a été fait par fon ordre,
qu'au lieu que ceux qui obtenoient des con-
fifcations étoient obligez d'en donner la
moitié au fifc, il difpenfa fes Eunuques
de

---

* Ælius Lampridius In Sever. † Cod. Theod. liv.
10 tit. 10 liv. 34.

de cette obligation & leur laissa le tout. Et
Zozime * remarque que cet avantage porta ces Eunuques à commettre mille faus-
setez insignes , comme de faire entendre
au Prince que ceux dont ils demandoient
que les biens fussent confisquez à leur profit
étoient morts sans laisser de veuves , d'enfans, ni de parens, ce qui causoit souvent
la désolation de plusieurs familles, & des
larmes & des gémissemens aux héritiers
légitimes , qui étoient souvent de vieilles
veuves caduques ou infirmes , & des or-
phelins innocens. Il est certain pourtant
qu'il fit un Edit qui deffendoit qu'aucun
Eunuque ne fut du nombre des Patriciens,
mais ce fut par une vûë particuliére, &
pour deshonorer Antiochus qu'il contraignit par là à se renfermer dans un Cloître.

† Lucien nous apprend que Philœterus
qui le premier a eu la Principauté de Per-
game , étoit Eunuque , & qu'il a vécu
quatre vingt ans. Il y a eu un autre Prince
nommé Hermias qui a été Eunuque ; Il
ne pouvoit jamais souffrir que personne
parlât en sa présence de couteau , ni de
section, parce qu'il s'imaginoit qu'à cause
qu'il étoit Eunuque, ces mots lui étoient
adressez.

§ Si l'extrait d'une lettre écrite de Ba-
tavia dans les Indes occidentales le 27.
Novembre 1684. contenu dans une lettre
de Mr. de Fontenelles , reçûë à Rotter-
dam

---

* Liv. 5. pag 300. † Lucian. Macrob. § Voyez
Nouvelles de la République des Lettres. Janvier 1686.
art. 10. tome 5. pag. 67.

dám par Monsieur Bânage , fait le recit d'une avanture véritable , comme on peut le croite , puis que l'illuſtre Mr. Bayle qui l'a rapporté ne la donne point pour fabuleuſe , & qu'il la certifie en quelque ſorte , bien loin de la rendre ſuſpecte ; Mreò Reine de l'Iſle de Borneo , veut que tous ſes Miniſtres ſoient Eunuques ; Eénegu, Princeſſe qui lui diſpute le Trône , ne veut point d'Eunuques dans ſa Cour. Comme nous ne ſçavons pas quel ſuccès ont eu les conteſtations & la guerre que ces deux Princeſſes ont euës entr'elles , ni par conſéquent laquelle des deux jouit préſentement de l'Empire , on ne ſçait pas ſi les Miniſtres de la Reine de l'Iſle de Borneo ſont Eunuques , ou s'ils ne le ſont point. On peut dire ſeulement que Mreò agit comme Plautiames qui du tems des Antonins fit châtrer tous ceux qui devoient ſervir à la maiſon de Plautilla ſa fille que Caracalla avoit épouſée , ſans épargner les hommes non plus que les jeunes garçons , comme nous le voyons dans les recueils de Conſtantin Porphyrogenéte ſur Dion.

Pour peu de connoiſſance qu'on ait de l'hiſtoire de la Cour Ottomane , on n'ignore pas que les Eunuques y parviennent aux premiéres dignitez de l'Etat , & qu'il n'y a qu'eux , à proprement parler , qui les poſſédent. Les deux plus illuſtres Baſcha qui ayent eu de la réputation pendant les guerres ſi célébres dans l'hiſtoire , étoient Eunuques ; * l'un a été Halis , & l'au-

* Liv. 17.

l'autre Sinar. Mr. de Thou rapporte un bon mot dit par le premier, il se moqua, dit-il, du Courier qui lui annonçoit comme une fort mauvaise nouvelle, la prise de la Ville de Strigonie par les Chrétiens l'an 1556, lui disant qu'il avoit bien fait une autre perte lors qu'on lui avoit enlevé la plus importante piéce qu'il eut. Et Paul Jove nous apprend que ce fut une truye qui Châtra Sinar en lui arrachant & devorant le membre viril, comme il dormoit à l'ombre, dès sa plus tendre jeunesse.

Tout ce que je viens de dire ne concerne le rang que les Eunuques ont tenu dans la société civile que par rapport aux Princes & aux Souverains; il est bon de voir aussi quelle idée les Peuples en ont euë & quel cas ils en ont fait.

CHAPITRE IX.

Quelle idée les Peuples ont euë des Eunuques, & quel cas ils en ont fait.

LEs Eunuques ayans abusé de la faveur des Princes, comme on l'a vû dans le chapitre précédent, & s'étans rendus les Tyrans impitoyables de leurs sujets, il ne faut pas douter que ces sujets ne les ayent eus en horreur, & qu'ils ne les ayent

craint beaucoup plus qu'ils ne les ont aimez.

Mais il ne s'agit point ici de ſçavoir ce
que les Peuples ont penſé de leur ſervitude
& de leur oppreſſion, & du crédit de ces
Eunuques qui les tyranniſoient ; Il n'eſt ici
queſtion que d'éxaminer quelle opinion les
Peuples avoient d'un Eunuque entant
qu'Eunuque, & non point d'un Eunuque
entant que Tyran ; & quelle idée ils s'en
faiſoient.

L'hiſtoire nous apprend non ſeulement
qu'ils les mépriſoient ſouverainement, mais
même qu'ils avoient de la répugnance à
les voir.

* Les Eunuques ne ſont que des troncs
deſſéchez, ſelon l'expreſſion d'Eſaïe, de
ces arbres ſecs qui le ſont juſqu'à la racine,
& qui comme parle Oſée, ne porteront
plus de fruits ; de ces arbres qu'il faut couper, c'eſt à dire détruire, & en abolir
la mémoire : car pourquoi faut-il encore
qu'ils occupent la terre ? Il n'y a perſonne
qui ne voulût donner le premier coup pour
les renverſer ou pour les arracher ; ce ſont
des Créatures imparfaites, en un mot des
monſtres auxquels la nature n'avoit rien
épargné, mais que l'avarice, la luxure,
le luxe, ou la malignité des hommes ont
défigurées.

S'ils ont été quelquefois dans la proſ-
périté & dans l'élévation, les Peuples ont
regardé ces avantages comme des productions

* Eſaïe ch. 56. v. 3. Oſée ch. 9. v.16. Luc ch.13.v.X.

tions erronnées de l'esprit gâté & du cœur
corrompu des Princes qui les ont élevez &
chéris; Ils s'en sont même moquez entr'eux,
& lors qu'ils ont osé le faire en public, ils
ont fait éclater leur haine & leur mépris
& pour les Eunuques & pour le choix qu'on
en faisoit.

Omnia cesserunt Eunucho Consule monstra
Heu terra cœlique pudor. Trabeata per urbes
Ostentatur anus, titulumque effeminat anni.

——— *Quibus unquam sæcula terris*
Eunuchi videre forum.

——— *Numquam spado consul in orbe*
Nec Judex, Ductorve fuit. Quodcunque virorum
Est decus, Eunuchi scelus est.

——— *A fronte recedant*
Imperii, tenero tractari pectore nescit
Publica Maiestas, nunquam vel in æquore puppim
Vidimus Eunuchi clavo parere Magistri.
Nos adeò sperni faciles? orbisque carina
Vilior?

Tout le monde sçait que Caligula fit
son Cheval Consul, & qu'il voulut qu'on
lui rendît tous les honneurs qui font dûs à
cette dignité. Il prit envie de même à
Arcadius de faire Flaac Eutrope qui
étoit le Maître de sa garderobe & l'un de
ses Eunuques, de le faire, dis-je, Consul,
& ç'a été le premier, ou plûtôt le seul de
cette

* Claud. in Eutrop. lib. 1.

cette qualité qui ait été pourvû de cet Emploi ; aussi voit-on dans Claudien comment on s'irrita alors de cette conduite. Ce Poëte fit une Satyre piquante contre cet Eutrope après qu'il fut désigné Consul de Rome, & il le répréfente comme une vieille qu'on avoit revêtuë des honneurs du Consulat. * Ceux qui ont quelque teinture de l'Histoire Ecclésiastique sçavent comment Jean Evêque de Constantinople a déclamé contre cet Eutrope, & combien il a contribué à sa perte *. Il eut une fin digne de lui & des actions inhumaines qu'il avoit commises. Cet Eunuque ayant dessein de chatier quelques personnes qui s'étoient réfugiées dans les Eglises, il fit enforte que l'Empereur publia une Loi par laquelle il étoit deffendu de s'y réfugier, & permis d'en tirer ceux qui s'y refugieroient. Quelle injustice de violer ainsi le droit des Aziles ! Mais il en fut puni bien-tôt après ; car à peine la Loi fut-elle publiée qu'il encourut les mauvaises graces de l'Empereur, & qu'il fut obligé de rechercher le même azile que les autres. Comme il étoit caché sous 'Autel & qu'il y trembloit de peur, Jean monta au pupitre d'où il avoit accoûtumé de prêcher pour être plus aifément entendu, & fit une invective contre lui. L'Histoire ajoûte que l'Empereur lui fit couper la tête, qu'il fit ôter son nom d'entre les noms des Consuls, & qu'il fit effacer des Registres la loi qu'il avoit fait publier. Le chagrin qu'eurent les honnêtes gens de le voir dans

C₃

---

* Socrate Hift. Ecclef. liv. 6. ch. 5.

ce poste fut cause de sa ruine. En effet, Gainas Goth, Général de l'Empereur, se révolta de dépit de voir cet Eunuque dans l'éclat de cette haute dignité, & ne voulut jamais se remettre dans son devoir qu'on ne lui apportât la tête d'Eutrope. On comparoît Eutrope à Gorgon., parce qu'il faisoit ses tours si adroitement que peu de gens s'appercevoient de ses ruses ; on le regardoit comme une de ces pestes qui régnoient alors dans les Cours des Princes. Il vendoit les Charges de la Magistrature & les Jugemens ; Il disposoit du Gouvernement des Provinces en faveur de qui il vouloit ; * & non content d'avoir été fait Consul, il tâchoit de se rendre Maître de l'Empire. Il étoit insolent même envers son Prince, & il tomba dans sa disgrace pour avoir manqué de respect envers l'Impératrice.

Les Peuples n'avoient pas du mépris seulement pour ces sortes de gens, ils avoient aussi de l'aversion pour eux ; & si leur nom a passé pour un titre de Dignité, il a été aussi une injure, & on ne pouvoit en faire une plus sensible à un honnête homme que de l'appeller *Eunuque.* † Les Eunuques ont été de si mauvais augure, même parmi les Payens, que Lucien assure en plus d'un lieu qu'ils faisoient par leur rencontre, rebrousser chemin à beaucoup de personnes, qui aimoient mieux rentrer chez elles que de passer outre. § Cela se rapporte assez à ce que dit Pline de l'aversion que les animaux-

mê-

mêmes ont pour ceux de leur espéce qu'on a mutilez. Il remarque que si on châtre un rat, il fait fuir tous les autres qui aiment mieux abandonner leur séjour ordinaire que de le souffrir parmi eux. Ce n'étoit pas pourtant pour cette raison que Dioclés vouloit exclurre Bagoas de la chaire de Philosophie. Lucien en allégue d'autres tout à fait différentes, plus graves & plus vraisemblables.

CHAPITRE X.

De quelle maniére les Loix civiles ont considéré les Eunuques, & quels droits elles leur ont attribué.

L'Empereur Domitien deffendit au commencement de son Régne à toutes sortes de personnes, tant dans l'Empire Romain, que dans ses limites, d'avoir la hardiesse d'entreprendre de châtrer les petits enfans ;

* *Lusus erat sacra connubia fallere tæda*
Lusus & immeritos ex ecuisse mares.
* *Utraque tu prohibes, Cæsar populisque futuris*
Succurris, nasci quos sine fraude jubes.

Nes

* Martial. liv. 6. Epigram. 2.

Nec spado jam, nec mœchus erit te præside quis-
  quam
 At prius ô mores! & spado mœchus erat.

Cette Ordonnance paſſa pour un avantage très-grand , & pour une action digne
d'un Prince ſage & généreux ; * Martial
l'en félicite par cette belle Epigramme,

Tibi ſumme Rheni Domitor & parens orbis
Pudice Princeps, gratias agunt urbes;
Populos habebunt, parere jam ſcelus non eſt.
Non puer avari ſeclus arte Mangonis,
Virilitatis damna mœret erepta.

' Cependant il eſt certain que ſon motif ne
fut nullement louable, car il ne fit cette
deffenſe , comme le remarque Xiphilin
dans ſa Vie , & Dion Caſſius , qu'en haine
de Tite ſon frére qui aimoit les Eunuques.
† Suetone ne rapporte pas cette particularité , mais elle n'en eſt pas moins certaine.
Cette Loi & cette Ordonnance n'eſt pas
miſe dans le Code au titre des Eunuques ,
ſous le nom de Domitien, ni ſous celui de
Nerva, qui fit depuis la même deffenſe ,
mais ſous les noms de Conſtantin & de
Leon § ; cependant, Suetone ne permet pas
de douter qu'elle ne ſoit de lui. L'illuſtre
& le célébre Monſieur de Leibnitz à qui
j'ai propoſé cette difficulté par maniére de
converſation , m'a donné cet éclairciſſement, que la Loi dont il s'agit ici étoit
mile

* Liv. 9. Epigram. 7.   † Suecon. invit. Domitiaa
ch. 7. art. 4.   § Tit. 8. liv. 48. ff.

mises sous les noms de ces deux derniers
Empereurs, parce qu'ils l'ont renouvellée,
& qu'on ne sçavoit alors que par le moyen
de l'Histoire, que Domitien & Nerva en
fussent les premiers Auteurs, à peu près
comme il est de ces Loix somptuaires, des
Ordonnances contre les Duels, & de divers Réglemens de cette nature qui passent
pour être les Ouvrages des Princes modernes qui les publient, quoi qu'on sçache par
le moyen de l'Histoire, que d'autres Princes les ont donnez à leurs Peuples plusieurs
siécles auparavant.

L'Empereur Adrien enchérit sur cette
belle constitution, par un meilleur motif,
& deffendit non seulement qu'on fit Eunuques par force ceux qui ne le souhaitoient
pas, mais il deffendit même de faire Eunuques ceux qui le souhaitoient. Il y a trois
Loix consécutives sur ce sujet dans le titre,
ad legem corneliam de sicariis & veneficis. Voici les termes de la premiére. *Constitutum
quidem est ne spadones fierent, eos autem qui
hoc crimine arguerentur cornelia legis pœna tene-
ri, eorumque bona meritò fisco meo vindicari debere ; sed & in servos qui spadones fecerint ulti-
mo supplicio animadvertendum esse. Et qui hoc
crimine tenentur, si non adfuerint, de absenti-
bus quoque tanquàm lege Cornelia teneantur,
pronuntiandum esse. Planè si ipsi qui hanc inju-
riam passi sunt, proclamaverint, audire eos Pra-
ses Provincia debet, qui virilitatem amiserunt ;
Nemo enim liberum servumve invitum, sinen-
temve castrare debet ; Neque quis se sponte ca-*
D *strandum*

* * tit. 8. liv. 48. ff.*

strandum prælere debet. Ac si quis adversùs Edictum meum fecerit Medico quidem qui exciderit capitale erit, item ipsi qui se sponte excidendum præbuit. Voici les termes de la seconde de ces Loix, *Hi quoque qui Thlibias faciunt, ex constitutione D. Hadriani ad Ninium hastam, in eadem causa sunt qua hi qui castrant.* Et Voici enfin les termes de la troisiéme, *Is qui servum castrandum tradiderit pro parte dimidia bonorum mulctatur ex Senatus consulto quod Neratio Prisco & Annio Vero Consulibus factum est.* Tout cela montre que l'Eunuchisation étoit regardée comme une chose honteuse, odieuse & préjudiciable à la société aussi bien qu'à la personne sur laquelle elle étoit pratiquée. * *Qui hominem, libidinis vel promercii causa castraverit, Senatus Consulto pœna legis Cornelia punitur.* † *Et si puerum quis castraverit & pretiosiorem fecerit Vivianus scribit cessare Aquiliam, sed injuriarum erit agendum, aut ex Edicto Ædilium, aut in quadruplum.* Ce mot *pretiosior* est obscur, comment un homme mutilé, dégradé, pour le dire ainsi, de sa qualité d'homme, pouvoit-il être devenu plus prétieux ? Voici le sens de ce mot, c'est que comme les Eunuques étoient aimez & caressez par les Princes, qu'ils étoient élevez aux premiéres Dignitez de leur Etat, leur condition en étoit devenue par là, au moins à cet égard, beaucoup plus considérable, c'est ce qui paroît par la Loi 4. au Code *de præpositis sacri cubiculi.* Mais l'Empereur Justinien qui est venu depuis & qui a bien considéré les maux qui

nais-

---

* *l. 3. §. 4. tit. Eod.* † *liv. 26 §. 28. tit. 2, l. 9 ad legem Aquiliam.*

naiſſoient de cette coûtume , ſoit aux
particuliers , ſoit au public, a réitéré les
mêmes deffenſes, dans ſon Code * où il décide que, *tanquam homicida punitur ille qui
caſtrat aliquem* , & dans deux chapitres de
ſes Nouvelles †, à la tête deſquelles l'a mis
une belle Préface qui en contient les motifs ; Il traite cette action d'impie , de lâche, de honteuſe , de deshonnête , & de
criminelle , & il dit qu'on a commis cette
eſpéce de crime ſur une grande multitude
de gens , que peu en ont échappé ſains &
ſaufs, qu'à peine en a-t-on pû ſauver trois
de quatrevingt & dix qui ſont venus à ſa
connoiſſance ; Il conſidére ces Eunuchiſa-
tions comme des meurtres, comme des actions contraires à l'intention de Dieu , &
de la nature, & à l'intention de ſes propres
Loix. Il eſt deffendu ſous de griéves peines
dans ce titre du Code dont je viens de parler , de vendre ou d'acheter les Romains
qui ont été faits Eunuqu s, ſoit dans l'Empire Romain , ou dans les Païs étrangers.
Il y eſt auſſi deffendu , ſous peine de la vie,
de faire des Eunuques dans l'Empire Romain* : celui qui auroit donné ſon eſclave
pour en faire un Eunuque en étoit pour la
confiſcation de la moitié de ſes biens.
§ L'Empereur Leon s'eſt encore déclaré
depuis en termes bien plus forts. *Vi turis*,
dit-il, *ad procreandum à Deo natura inditæ
exeſtio non minore cum audacia identidem com-
mittitur quàm ſi apud Deum nulli pœnæ obnoxia*

D 2

eſſet,

---

* l. 4. tit. 42. l. 1.   † Authent. coll. 9. tit. 24.
Nouv. 142. § Leo. Conſtitut 60.

esset, cùm tamen vel maxime sit ; Et quanquam veteribus Legislatoribus cura fuerit, ut id malum ultrice lege excideretur, quo respublica ab istiusmodi invento munda esset ; haud scio tamen, cum si qui alii, huic certe præscripto obtemperari atque à naturæ mutilatione abstineri æquum sit, quamobrem non ita faciant homines, sed tanquam utilitatem quamdam istiusmodi adversus Generandi vim, insidias reputantes, membra quæ homini nascendi causam suppeditant, lancinent, & creaturam aliam quam qualis, conditoris sapientia placuerit in mundum introducere contendant. Hoc igitur cùm inultum relinquendum non putemus, lege in id pœnam constituentes, quibus à Deo divinam creaturam deformare religio non est, eorum audaciam, auxiliante Deo reprimere conemur. Il appelle ceux qui font des Eunuques , *Naturæ insidiatores, detestandæ hujus artis artifices;* il les condamne & il finit cette excellente constitution par ces belles paroles, *si in albo imperatorii famulatus sit, artifex detestandæ hujus artis primùm albo eximatur.* Un homme qui faisoit un Eunuque étoit considéré comme un Notaire ou un Tabellion qui faisoit un acte faux; le lieu où l'action avoit été commise étoit considéré comme un lieu où on avoit commis un crime de leze Majesté. Mornac qui a fait un excellent Commentaire sur le titre du Code qui traite *de Eunuchis* , dit avoir vû dans un Historien de France, qu'un soldat fut puni pour avoir ôté à un Moine ce qu'il croyoit lui être inutile , *chose incroie,* dit cet Historien, *quod inaudita apud nos fuerat.* Messire Claude de

Fer-

Ferriere qui a fait auſſi une eſpéce de Commentaire ſur le même titre, rapporte la
même Hiſtoire ; mais il y ajoûte ſes ré-
ſléxions, & quoi que bon Catholique il
dit, *qu'il y a des gens qui diſent, qu'il ſeroit à
ſouhaiter que ſolos Eunuchos haberet Eccleſia
Miniſtros, pour empêcher les deſordres que nous
ne voyons que trop ſouvent, ſans ceux qui nous ſont
inconnus. Il eſt vrai, ajoûte-t-il, qu'il y en a
pluſieurs qui pourroient y avoir intérêt ; cependant, je crois qu'il vaut mieux laiſſer les choſes
comme elles ſont, & ne pas faire du mal à ceux
qui ne veulent que le bien de leurs prochains.* Quoi
qu'il en ſoit, il paroît que les Loix ont regardé l'action de faire des Eunuques comme abominable, & l'Eunuque lui-même
comme un monſtre, auſſi ne leur ont-elles
jamais accordé les droits & les priviléges
qu'elles accordent aux autres hommes.
* Par éxemple, il ne leur a point été permis
de teſter. J'avouë que l'Empereur Conſ-
tance qui leur en avoit accordé la faculté
parce qu'il faiſoit tout ce qu'ils vouloient,
a donné une Loi qui porte que, *Eunuchis liceat facere Teſtamentum, componere poſtremas
exemplo omnium voluntates, conſcribere codicil-
los, ſalvâ teſtamentorum obſervantiâ ;* Mais
tous les Juriſconſultes eſtiment que cette
liberté ne concerne que les Eunuques qui
étoient près de ſa Perſonne, ou près de
celle de l'Impératrice. Il eſt certain que
dans quelque degré de faveur que les Eunuques fuſſent, ils n'ont jamais été conſidé-
rez que comme des Eſclaves. Ils ont toû-

D 3

jours

* Vid. qui teſtament. facere poſſ. l. 5.

jours été le jouet des Princes , qui ont même abusé quelquefois de leur servitude ; on peut dire qu'il a été d'eux à cet égard, comme de ces Genuches qui sont caressées dans les cabinets des Grands & vêtuës de toile d'or. Or il est certain que ce n'a été qu'à ces Eunuques privilegiez qu'il a été permis de faire Testament. L'Empereur Leon en rend la raison dans sa Nouvelle trente-huitiéme , mais bien plus particuliérement dans la Loi *Jubemus*, qui est la quatriéme au Code *de præpositis sacri Cubiculi, & de omnibus cubiculariis & privilegiis eorum*. Le titre seul, pour le dire en passant, fait voir qu'il s'y agit des Eunuques , mais il le dit expressément comme on va le voir ; *Nam cùm hoc privilegium*, dit-il , *videatur principalis esse proprium Majestatis ut non famulorum sicut privata conditionis homines sed liberorum honestis utatur obsequiis , periniquum est eos duntaxat pati fortuna deterioris incommoda ; sed testamenta quidem ad similitudinem aliorum qui ingenuitatis insulis decorantur pro suâ liceat eis condere voluntate*. Il y ajoûte néanmoins une réfléxion qui les distingue des hommes libres ; * *Intestatorum verò nemo dubitet facultates , ut pote sine legitimis successoribus defunctorum fisci juribus vindicari ;* Et ce qui fait voir clairement qu'il s'agit du droit des Eunuques, c'est qu'il dit dans cette même Loi que, *hæc omnia tunc diligenti observatione volumus custodiri cùm sponte suaque voluntate quis dederit Eunuchum sacri Cubiculi Ministeriis adhæ-*

---

* l. 6. ff. de liberis & posthum. hæred. instituendis vel exhæredandis.

bafurum. Voilà donc les Eunuques mis
fur le pied des Efclaves ; on en excepte les
Gardes du Prince , mais cette exception ne
fait que confirmer la régle , *Exceptio in non
exceptis firmat regulam.* En général donc il
eft certain qu'ils ne peuvent inftituer des
héritiers , ni être eux-mêmes héritiers in-
ftituez. Dès qu'ils font morts leurs biens
font vacans & dévolus au Fifc. Ils font
même confidérez comme gens infames,
indignes des Priviléges accordez par les
Loix , témoin cette belle déclaration du
Jurifconfulte Paulus , * *Quamvis nulla perfonâ
excipiatur, tamen intelligendum eft de his legem
fent re qui liberos tolere poßunt ; Itaque fi Ca-
ftratum libertum Jurejura. s quis adegerit ,
dicendum eft non puniri patronum hâc lege.* Ils
ne peuvent point adopter , la Loi eft pré-
cife contr'eux fur ce fujet , † *fed & illud utri-
ufque adoptionis commune eft , quod & ii , qui
generare non poßunt, (quales funt fpadones)
adoptare poßunt, Caftrati autem non poßunt.* J'a-
voüe que l'Empereur Leon les a, pour ainfi dire, réhabilitez par la Novelle vingt-fi-
xiéme, dans laquelle il les autorife à adopter ; la raifon qu'il en rend eft affez plau-
fible , *quemadmodum* , dit-il , *cui vocis ufus
ademptus eft qua lingua munia funt per manum adimplere , & qui firmonem labiis funde-
re nequit per fcripturam ad ordinandas res fuas
procedere non prohibetur. Ita neque qui quod
genitalibus privati funt liberos non habent, ho-
rum indigentiam alio modo compenfare vetandm*

D 4 *eft ;*

eſt ; cependant on peut dire qu'elle n'eſt point juſte , car c'eſt un principe de Droit auſſi bien que de Philoſophie & de bon ſens , que , *adoptio naturam Imitatur* , de là vient que *pro monſtro eſt ut major ſit filius quàm pater* ; * Et qu'on preſcrit l'âge dans lequel on peut adopter , toûjours en ſorte que les proportions d'âge ſoient gardées. Comment donc ſeroit-ce imiter la nature que de permettre à un homme , qui non ſeulement n'a jamais pû en produire d'autres , mais qui n'a pas eu la capacité & les choſes naturelles requiſes pour en produire d'autres , d'en adopter quelques-uns ? Il faut obſerver d'ailleurs que l'adoption n'étoit permiſe originairement qu'aux perſonnes qui avoient eu des enfans , & qui les avoient perdus, pour les conſoler de leur mort. On a étendu depuis cette faculté juſqu'à ceux qui n'avoient aucun empêchement manifeſte d'avoir des enfans , mais qui par l'événement n'en avoient point eu ; les femmes mêmes ne pouvoient point adopter , parce qu'elles ſont incapables de l'effet principal de l'adoption qui eſt la puiſſance paternelle , cependant elles peuvent adopter † *ex Indulgentia principis, ad ſolatium liberorum amiſſorum.* Mais ce ſeroit abuſer de l'adoption que de l'accorder à des gens qui n'ont point eu, & qui n'ont pû avoir des enfans ; ce ne ſeroit plus imiter la nature, ce ſeroit la ſurpaſſer, ou plûtôt ce ſeroit lui inſulter, & donner des enfans à des gens auxquels

elle

---

* Ibid. ff. 4. †. d. ff. fœminæ Inſtitut. de adopt.

elle a ôté le moyen d'en produire. * Les
Jurifconfultes ont eu tant d'égard à ces confidérations qu'ils n'ont pas même voulu permettre qu'un de ces Eunuques auxquels il
étoit permis de tefter inftituât un pofthume
pour fon héritier , voici comment en parle
Ulpien dans la Loi *fed eft quæfitum* § 1.
*fed fi Caftratus fit , Julianus Proculi opinionem
fecutus non putat pofthumum hæreden poffe infti-
tuere , quo jure utimur.* J'avouë que je me
fuis étonné que Schneidevin , fi favant &
fi judicieux ait foûtenu , qu'un Eunuque
pouvoit être tuteur. Il eft vrai qu'il femble qu'il n'entende parler que de ces gens
impuiffans qui n'ont qu'une partie de ce
que la nature donne aux autres , & fa comparaifon donne lieu de le croire; „ Com-
„ me on ne peut point, dit-il † , refufer une
„ Tutélle fous prétexte qu'on n'a qu'un œil,
„ ou qu'on eft ce que les Jurifconfultes ap-
„ pellent *Morbofus* , un homme qu'il appel-
„ le *fpado* ne peut pas prétendre non plus
„ d'être éxempt d'une Tutelle dont il doit
„ être chargé ; Et il confirme fon opinion
par le § fpadonem 2. de la 6. ff. *de Ædilitio
Edicto & redhibitione, & quanti minoris* , qui
contient ces termes, § *fpadonem morbofum
non effe, neque vitiofum Verius mihi videtur ,
fed fanum effe, ficuti illum qui unum tefticulum
habet , qui etiam generare poteft.* Ce qui me
perfuade qu'il ne s'agit point là d'un Eunu-

D 5

que

que proprement ainſi nommé, c'eſt 'que ce
même titre diſtingue entre ce qu'il appelle
* *morboſus & vitiatus*, & qu'il diſtingue ce
qu'il appelle *vitium ſimplex*, *de vitio corporis
penetrante uſque ad animum*. † Il nomme particuliérement ceux *qui præter modum, timidi,
cupidi, avarique ſunt aut iracundi ;* Comment eſt-ce qu'un homme lâche & timide
comme l'eſt un Eunuque, peut ſervir d'appui & de ſecours à un mineur qu'il auroit
ſous ſa Tutelle, peut-être que ce pupile
ſeroit plus hardi, plus entendu & plus vi-
goureux que lui. Quoi qu'il en ſoit, cela
me paroît contraire à l'ordre & à l'équité,
j'ajoûte même à l'intention du Droit, car
§ *Tutelam adminiſtrare virile munus eſt, & ul-
trà ſexum fœminea infirmitatis tale officium eſt.*
J'avouë que je me ſuis étonné quelquefois
que les Loix les ayent admis à s'enrôler,
* *Qui cum uno teſticulo natus eſt, quive amiſit,
jure militabit, ſecundum Divi Trajani reſcrip-
tum ;* La raiſon de cette Loi me la rend
d'autant plus ſurprenante, *Nam & Duces
Sylla*, ajoûte-t-elle, *& Cotta memorantur eo
habitu fuiſſe natura.* Eſt-ce que parce qu'il
y a eu de grands hommes parmi les Eunuques, par une exception trés-particuliére à
la régle, il y a lieu de ſtatuer que tous les
autres ſont capables de porter les armes ?
Comme le combat conjugal eſt différent de
ceux qui ſe donnent à la guerre, les armes
le ſont auſſi ; Et comme les Eunuques ne
les

---

*.L. 1. §. 11.   † L. 20. § 7. ff. qui Teſtamenta fa-
cere poſſunt.   § L. 1 cod. quant. Mulier. Tutor. off.
hung. pot.   * L. 4 liv. 49. tit. 16. de Re militari.

les ont point, ils ne peuvent point entrer aussi dans cette agréable milice ; C'est la décision de Plaute dans cette ingénieuse allusion, * *si amandum est, amare oportet testibus
præsentibus.* Enfin, les Eunuques ne pouvoient paroître de leur chef dans aucun acte solemnel ; † *ad solemnia adhiberi non potest,
cùm juris Civilis communionem non habeat in to-
tum ; ne Prætoris quidem Edicti.* Il ne faut
avoir qu'une teinture fort legére du Droit
pour sçavoir que l'état des personnes consiste en trois choses, qui sont, *la liberté, la
bourgeoisie, & la famille*, & que lors que
quelqu'un est déchû de l'une de ces trois
choses, il souffre un changement notable
dans son état ; suivant cela qu'est-ce qu'un
Eunuque ? Et quelles faveurs les Loix
ont-elles pû lui faire ? Quintilien nous donne une idée fort juste de la nature d'un Eunuque & du droit qui lui convient §. Pour
moi, dit-il, quand je considére la nature,
il n'est point d'homme qui ne paroisse plus
beau qu'un Eunuque, & je ne crois point
que la Providence puisse se dégoûter jamais assez de ses ouvrages pour souffrir que
la débilité passe pour une perfection, &
que l'infirmité ait un rang parmi les bonnes choses. Je ne puis m'imaginer que le
fer puisse rendre beau ce qui seroit un mon-
stre s'il naissoit en l'état dans lequel la section l'a pû réduire. Que l'imposture d'un
séxe artificiel donne tant de plaisir que l'on
voudra, les mauvaises mœurs n'auront ja-

D 6

mais

---

* Plaut. in Curcull.   † L. 20. §. 7. ff. qui testam.
facer. poss.   § Institut. orator. lib. 5. cap. 12.

mais affez d'Empire fur la raifon, pour faire paffer pour bon ce qu'elle a pû faire paffer pour beau & pour précieux..... Qui
parmi les célébres Sculpteurs, ou parmi
les grands Peintres, quand il tâche de ré-
préfenter les corps les plus parfaits, voudroit en retrancher de telles chofes? Et
prendre pour leurs modelles ou un Bagoas,
ou quelque Megabize, plûtôt qu'un Doriphoron capable de tous les éxercices de la
guerre, & de tous les jeux? Ou que de
jeunes gens belliqueux? Ou de ces athlétes
dont le corps a été admiré?

Je me fuis affez étendu fur cette matiére,
je paffe à une autre; J'ajoûte feulement ici
par forme d'éclairciffement, qu'il faut faire toûjours une grande différence entre les
Eunuques volontaires qu'on a fait tels de
leur gré & de leur confentement, & entre
ceux qu'on a été contraint de faire tels
pour leur fauver la vie, ou par quelqu'autre néceffité femblable; les uns ont toûjours
été odieux & méprifables, mais les autres
ont été à plaindre, & ont été dignes de
fupport & de fecours.

CHAPITRE XI.

Quel rang les Eunuques volontaires ont tenu dans la société civile ; de quelle maniére les Loix les y ont consideré, & quels droits elles leur ont attribué.

SI les Eunuques forcez, c'est à dire ceux qu'on a fait tels dans leur jeunesse, dans un tems de persécution , ou par l'ordre d'un Tyran , & ceux qui le sont devenus par accident , ont toujours été l'objet du mépris & de la raillerie des hommes , Quelle indignation n'ont-ils pas dû concevoir contre ces ames lâches & basses , qui par des vûës d'intérêt & d'ambition se sont fait retrancher la partie extérieure de leur corps la plus noble & la plus utile à la société ? la Loi les condamne au dernier supplice comme des homicides d'eux-mêmes. Et voici comment l'Empereur Adrien parle contr'eux, * *Ac si quis adversus Edictum meum fecerit, Medico quidem, qui exciderit capitale erit. Item ipsi qui se sponte excidendum præbuit.* On les regardoit autrefois comme

des

---

* L. 4. ff. ad leg. Corn. de siccar.

des infames du premier ordre , on les ban-
niſſoit de la compagnie des hommes , &
on ne ſouffroit pas qu'ils fuſſent inſtituez
héritiers n'étans en cet état ni homme, ni
femme. Voici un exemple précis qui
donnera une juſte idée du cas qu'on en a
fait , & des droits qu'on a voulu leur attri-
buer ; c'eſt Valére Maxime qui le fournit * ;
» Que dirai-je , s'écrie-t-il, de l'ordon-
» nance du Conſul M. Æmile Lepide ?
» n'eſt elle pas d'une très-grande conſé-
» quence ? Genutius Prêtre de Cybelle
» Mére des Dieux , ayant obtenu du pré-
» teur Cn. Oreſte , qu'il feroit remis
» en la poſſeſſion des biens que lui avoit laiſ-
» ſez Nevianus , par Teſtament , Sardi-
» nius dont l'affranchi avoit ainſi favoriſé
» Genutius en appella devant le Conſul
» Mamercus , ſoûtenant que Genutius s'é-
» tant volontairement privé des parties
» qui le faiſoient homme, ne devoit point
» être mis au rang ni des hommes, ni des
» femmes , ce qui fut cauſe que la Senten-
» ce du Préteur fut caſſée. L'Arrêt eſt di-
» gne de Mamercus & d'un Prince du Se-
» nat, car il empêcha que les ſiéges de nos
» Juges ne fuſſent ſouillez de la vûë d'une
» ſi indigne perſonne que Genutius , & que
» ſous prétexte de demander juſtice , ſa
» voix efféminée & laſcive n'y fut enten-
» duë. Ceci ſuffit ſur cet article , parce
qu'au reſte on peut leur appliquer ce que
j'ai dit dans les chapitres précédens. Je
dirai ſeulement , qu'l faut encore diſtin-
guer

* Liv. 7. ch. 7. exempl. 6.

guer les Eunuques volontaires entr'eux ;
Qu'un Combabus & d'autres femblables ,
font exceptez de cette haine & de cette
condamnation publique fi juftement dûës
aux autres, ce n'eft pas qu'ils foient tout
à fait excufables, mais on peut dire qu'ils
le font en quelque forte, parce que de deux
maux ils croyent éviter le pire. Ils imitent
ce Marchand dont parle Juvénal , ou plûtôt
le Caftor ,

———————— Imitatus Caftora qui fe *
Eunuchum ipfe facit , cupiens evadere damnô
Tefticulorum.

Ce Poëte étoit apparemment du fentiment
des vieux naturaliftes qui ont crû & qui
croyent encore que le Caftor coupe fes parties viriles afin de fe délivrer des mains des
chaffeurs , parce qu'il croit qu'on ne le
pourfuit que pour les avoir ; Mr. le Baron
de la Hontan nous a bien détrompez de cette vieille erreur , voici ce qu'il dit fur ce
fujet.

» † Au refte , n'en déplaife aux décou-
» vreurs de la nature , aux chercheurs de
» merveilles & de fecrets fur les terres de
» cette Divine ouvriére , il n'eft point vrai
» que les Caftors fe mutilent & fe faffent
» Eunuques pour échapper à la trop pref-
» fante pourfuite des Chaffeurs ; Non , ceá
» ma-

---

* Juven. Satyr. 11. Ariftote lib. 7. cap. 5. Hiftor. A-
nimal. Æfop. in Apol. Ælian. lib. 6. cap. 33. Plin. lib.
37. cap. 6. † Voyages de la Hontan dans l'Amérique
Septentrionale tom. l. lett. 16. pag. 181. &c.

„ mâles eftiment plus leur féxe , & font
„ plus de cas que cela de la propagation de
„ leur rare efpéce. Je ne puis même con-
„ cevoir fur quel fondement on a bâti une
„ fi grande chimére. Premiérement , la
„ matiére qu'il a plû à la fecte d'Hypocra-
„ te de nommer *Caftoreum* n'eft pas renfer-
„ mée dans ces précieufes & multiplian-
„ tes parties ; Elle eft dans un réceptacle ,
„ un véhicule , ou une maniére de poche
„ qui eft finguliére à la machine organique
„ de ces animaux , & que la nature femble
„ n'avoir formée que pour eux ; l'ufage que
„ le Caftor fait de cette matiére , c'eft de
„ s'en nettoyer & dégager les dents lors
„ qu'elles font pleines de la gomme dé
„ quelque arbriffeau dans lequel il aura mor-
„ du. Mais quand j'accorderois que le *Ca-*
„ *ftoreum* eft dans les tefticules , comment
„ cet animal pourroit-il les couper fans fe
„ déchirer tous les nerfs des aînes auxquels
„ ils font attachez près de *l'os pubis* , (trou-
„ vez-moi Officier *Huron* qui parle plus per-
„ tinemment d'Anatomie ,) mais en me
„ mettant fur mes louanges j'ai perdu la
„ conféquence que je voulois tirer de ce dé-
„ chirement de nerfs ; N'importe , je ne
„ démorderai pas pour cela de mon fcien-
„ tifique raifonnement. C'étoit bien à
„ Elian , & à d'autres rêveurs de Natura-
„ litez comme lui, de nous venir parler de
„ la Chaffe des Caftors ? Avoient-ils puifé
„ cette connoiffance dans les méditations
„ du cabinet ? S'ils avoient eu la gloire de
„ vivre comme moi parmi ces Amphibies ,

„ ils

» ils auroient fçû qu'un Caſtor ne s'emba-
» raſſe point du tout d'un Chaſſeur ; vous
» fçaurez d'abord que cet animal a la précau-
» tion de ne point s'éloigner du bord de l'é-
» tang où ſa cabane eſt conſtruite ; De plus ,
» il a toûjours l'oreille au guet, & ſitôt que
» par le moindre bruit, il ſoupçonne qu'on
» lui en veut, il plonge, & nage entre deux
» eaux juſqu'à ce que n'y ayant plus de dan-
» ger , il puiſſe rentrer ſûrement chez ſoi.
» Si cette raiſon ne vous ſemble pas de poids
» pour les Caſtors terriens, je vous renvoye
» à *l'os pubis*. Autre argument péremptoire.
» Si le Caſtor , pour arrêter la pourſui-
» te de l'ennemi, faiſoit la ſanglante opé-
» ration qu'on lui attribuë , la nature lui
» auroit donné en cela un inſtinct fort im-
» parfait ; car quand cet Animal n'auroit
» plus ſon *Caſtoreum* on ne lui feroit pas la
» chaſſe avec moins d'ardeur ; Le *Caſtoreum*
» eſt le butin le moins important , ou plû-
» tôt ce n'eſt rien en comparaiſon de la
» peau ; Celle-ci eſt la proye dominante &
» la maîtreſſe piéce de la bête ; Ainſi ce pau-
» vre Caſtor, pour ſe ſauver de l'avarice du
» Chaſſeur , devroit tout au moins s'écor-
» cher tout vif, & lui jetter ſa peau ; en-
» core ne ſçai-je après cela ſi cette barbare
» & inſatiable figure nommée *homme* ne
» voudroit pas la chair & les os de cet inno-
» cent animal..... * Sa fourure eſt bizarre,
» & bien différente d'elle-même ; Elle eſt
» formée de deux ſortes de poils oppoſez.
» L'un eſt long, noirâtre, luiſant, & gros
　　　　　　　　　　　　　　　　　　　» com-

* Ibid. 185. 186.

» comme du crin; l'autre délié, uni, long
» de quinze lignes pendant l'hyver, en un
» mot, le plus fin duvet qui soit au monde;
» Il n'est pas nécessaire de vous avertir que
» c'est cette seconde espéce de poil que l'on
» cherche avec tant d'empressement, & que
» ces animaux méneroient une vie plus sû-
» re & plus tranquille s'ils n'étoient vêtus
» que de crin. Il fait une histoire & une
description fort curieuses du Castor; outre que cet illustre Voyageur est un homme sçavant, de bon sens & de bon goût,
très-capable de penser, de raisonner, &
de juger juste sur un sujet tel que celui
ci qui ne demande que la vûë & du dis-
cernement; J'ai remarqué en lisant Pline *, qu'un vieux Médecin de son tems
qu'il nomme Sextius, *diligentissimus Medi-
cinæ veteris autor*, étoit à peu près du même sentiment que Mr. le Baron de la Hontan; Comme j'ai eu l'honneur de voir ce
Baron curieux, à qui le Public a l'obligation d'avoir aquis plusieurs connoissan-
ces rares, & de l'entretenir, c'est avec
connoissance de cause que je parle de lui
avec tant d'éloges; † J'ai beaucoup de
respect pour les doctes Auteurs des Jour-
naux de Trevoux, & beaucoup de reconnoissance du fruit que je tire de leurs veil-
les & de leurs travaux, mais ils me par-
donneront, s'il leur plaît, si je n'entre
point dans les sentimens qu'ils ont si peu

fa-

---

* Lib. 31. cap. 3. † Voyez Mémoires pour l'histoire des sciences & des beaux Arts, mois de Mai 1704,
article 10. page 301. &c. tom. 7.

favorables à ce Voyageur digne , à mon
avis , d'une meilleure réputation que celle
qu'ils tâchent de lui établir dans le monde.

CHAPITRE XII.

*Quel rang les Eunuques vo-
lontaires & forcez , ont
tenu dans la Société Ecclésiastique ; de quelle maniére l'Eglise & ses Canons
les ont considérez , & quels
droits ils leur ont attribuez.*

DIeu a eu de tout tems en abomina-
tion toutes sortes d'animaux mutilez,
* *Vous n'offrirez point au Seigneur* , dit-il ,
*tout animal qui aura ce qui a été destiné à la
conservation de son espéce , ou rompu, ou foulé,
ou coupé , ou arraché, & gardez-vous absolument de faire cela dans votre Païs.* Cette
deffense est générale , mais il en a fait une
qui concerne l'homme en particulier ,
† *L'Eunuque, dit-il , dans lequel ce que Dieu
a destiné à la conservation de l'espéce , aura
été ou retranché, ou blessé d'une blessure incura-
ble, n'entrera point en l'Eglise du Seigneur.*
Quel-

* Levitiq. ch. 22. v. 24.   † Deuteron. ch. v. 1.

Quelques Interprétes de l'Ecriture Sainte croyent , que par le mot *Eglife* qui eſt
employé dans ce dernier paſſage , il faut
entendre l'Aſſemblée du Peuple Juif , &
que Dieu deffend ici , que ceux que *les
hommes avoient fait Eunuques* , comme parle Jéſus Chriſt , fuſſent admis dans les Aſſemblées & dans les Charges publiques.
Je ne rapporterai point ici les divers ſens
ſpirituels que Théodoret , Clément Alé-
xandrin , & divers autres Péres de l'Egliſe , ont donné à ce paſſage ; on y ver-
roit pourtant qu'une certaine ſorte de ſté-
rilité , & l'impuiſſance , ſont des choſes
indignes , & qui éloignent de Dieu ; mais
ces explications m'éloigneroient trop de
mon ſujet. Je dirai donc ſeulement , que
par ce mot *Eglife* , dont les Eunuques ſont
exclûs , il faut entendre , non ſeulement
l'Aſſemblée des Juifs & leur Magiſtratu-
re , mais même tous leurs Priviléges ;
L'Eunuque ne peut jouïr d'aucun de leurs
avantages , il ne peut jamais être cenſé
faire partie du Peuple Saint , ni être Iſraë-
lite , ni fils d'Abraham ; ni jouïr des Priviléges de la Nation Sainte , comme d'eſ-
pérer qu'on lui prêtera de l'argent à intérêt, qu'il aura part au bénéfice du Jubilé ,
c'eſt à dire qu'il jouïra des Priviléges de
l'année ſeptiéme de rémiſſion ; les Eunuques ſont bannis en un mot de la Société politique des Juifs, *ut non habeantur
Cives, nec habeant jus Civicum apud Judæos.*
C'eſt en ce ſens que ce mot *Eglife* eſt pris

au

‡ Matth. ch. 19. v. 12.

au ℣. 4. du chapitre 10. des Nombres
& au ℣. 2. du chapitre 10. du Livre de
Judith. Voilà une terrible malédiction ;
la Loi de Dieu est bien plus sévére contre les Eunuques , que les Loix Politi-
ques & Civiles que j'ai rapportées. Il
semble presque que cette Jurisprudence
ait changé sous la Nouvelle Alliance ; En
effet , bien loin d'éloigner les Eunuques
de l'Eglise , si on en croyoit Origéne ,
ou les Valésiens , il faudroit être Eunuque pour aquérir le Ciel ; mais j'ai fait
voir dans un des chapitres précédens , que
les paroles de Jésus Christ sur lesquelles
ils avoient fondé leur opinion , n'ont rien
innové à cet égard , qu'ils l'ont eux-mêmes reconnu depuis , & je vais faire voir
positivement , que la Jurisprudence de l'E-
glise Chrétienne condamne les Eunuques
volontaires & quelques-uns des autres.
Cette Jurisprudence est établie par le
droit Canon * ; *Corpore verò Vitiati*, y est-il
dit , *similiter a sacris officiis prohibentur ;* Cela est un peu général, mais voici quelque
chose de plus particulier , † *si quis pro ægri-*
tudine naturalia à Medicis secta habuerit ; si-
militer & qui à Barbaris aut qui à Dominis
suis castrati fuerint , & moribus digni inve-
niuntur hos Canon admittit ad Clerum promo-
veri. Si quis autem sanus non per disciplinam
Religionis & abstinentia sed per abscissionem à
Deo plasmati corporis existimat posse à se car-
nales concupiscentias amputari, & ideò se ca-
straverit , non eum admitti decernimus ad ali-
quod

* Distinct. 55. c. 1.   † Ibid. c. 10.

quod clericatus officium. Quod si jam fuerit ante promotus ad Clerum, prohibitus à suo Ministerio deponatur. La raison de cette différence est rapportée dans le Canon 8. après avoir parlé de ceux qui font tels lors que, *casu aliquo contigerit dum operi rustico curam impendunt, aut aliquid facientes seipsos non sponte percutiunt,* & les avoir opposez aux Eunuques volontaires, *in illis enim,* dit-il, *voluntas est vindicanda quæ sibi causa fuit ferrum injicere, in istis autem casus veniam meruit ;* il dit la même chose de ceux que les Barbares, la Maladie, un Tyran, ou un ennemi, ont mutilez, ceux-là sont dignes de compassion & de support.

Cette Jurisprudence est beaucoup plus ancienne que le decret de Gratien dont j'ai tiré les décisions que je viens d'alleguer, elle est établie par le Concile de Nicée, qui est le premier œcuménique : voici le premier de ses Canons ; ,, Si quelqu'un ,, étant malade a été fait Eunuque par les ,, Médecins, ou s'il a été coupé par les ,, Barbares, qu'il demeure dans le Cler- ,, gé & dans l'état Ecclésiastique ; Mais si ,, étant sain il s'est retranché lui-même, ,, il faut que s'il est du Corps du Clergé, ,, il s'abstienne des fonctions de son Mi- ,, nistére, & qu'à l'avenir on n'admette ,, plus au rang des Ecclésiastiques aucun ,, de ceux qui en auront usé de la sorte ; Et comme il est manifeste que cette or- donnance regarde ceux qui ont agi de cet- te maniére de propos délibéré, & qui se sont coupez eux mêmes, cela ne regarde

point

point ceux qui auront été faits Eunuques
par les Barbares , ou par leurs Maîtres ,
ils peuvent être reçûs dans le Clergé felon les regles de l'Eglife , pourvû que
d'ailleurs ils en foient dignes. Ce Canon
du Concile de Nicée eft rapporté dans la
Vie de Saint Athanafe faite par Mr. Herman , & fuivi des réfléxions de ce judicieux Auteur. Il ne fera point inutile de
les rapporter ici , ne fut ce que pour épargner la peine de les chercher ailleurs ;
„ On ne peut pas dire au vrai quelle a été
„ l'occafion qui a porté les Péres du Con-
„ cile de Nicée à traiter de cette maniére ;
„ & à ufer de cette jufte févérité contre
„ ceux qui fe faifoient Eunuques par leurs
„ propres mains ; Il eft certain que cette
„ mutilation volontaire qui étoit deffen-
„ duë par les Loix Civiles , & particulié-
„ rement par celles de l'Empereur Adrien ,
„ ne pouvoit être approuvée par l'autorité
„ de l'Eglife ; le zéle inconfidéré d'Ori-
„ géne qui s'étoit coupé lui même , en ex-
„ pliquant d'une maniére trop littérale le
„ chapitre dix-neuviéme de l'Evangile de
„ Saint Matthieu , avoit été condamné par
„ Demetrius fon Evêque , quoi qu'il admi-
„ rât en même tems cette action comme un
„ tranfport extraordinaire de piété. L'a-
„ bus de quelques Hérétiques nommez Va-
„ lefiens qui retranchoient ainfi toutes les
„ perfonnes de leur Secte , avoit déja été
„ confidéré comme un excès auffi contraire
„ aux fentimens de la véritable Religion
„ qu'aux régles communes de l'humanité.
„ Tou-

» Toutes ces confidérations font bien voir
» la juftice de ce premier Canon de Ni-
» cée , mais elles ne nous apprennent point
» quelle en a été l'occafion. Quelques-uns
» prétendent que ce Canon fut fait à l'oc-
» cafion du Prêtre Leonce , depuis élevé
» par les Arriens à l'Epifcopat d'Antioche ,
» qui perdit fon rang pour s'être ainfi muti-
» lé lui-même ; mais en ce que Theodoret
» ajoûte que fon ordination étoit contre
» les loix du Concile de Nicée , il donne
» quelque lieu de croire que ce Prêtre n'a-
» voit pas encore commis un fi grand ex-
» cès , & que ce ne fut que depuis le
» tems de cette fainte Affemblée , que le
» defir de converfer plus librement avec
» une fille nommée Euftolie , le porta à
» armer fes propres mains contre lui-mê-
» me , en imitant Origéne, Quoi qu'il en
» foit ceux qui étoient devenus Eunuques ;
» ou par maladie , ou par une violence
» étrangére , ne font point exclus des Di-
» gnitez de l'Eglife ; Et c'eft ainfi que S.
» Germain , & S. Ignace , ont rempli fi
» dignement le Patriarchat de Conftanti-
» nople. Mais ceux qu'un faux zele pour
» la chafteté , ou quelqu'autre confidéra-
» tion , a porté à une action fi barbare ,
» font jugez indignes des fonctions de leur
» Miniftére , s'ils font déja du nombre
» des Clercs , ou d'être élevez à la Cléri-
» cature s'ils font encore parmi les Laï-
» ques ; A l'égard de ceux qui fe font faits
Eunuques par intérêt , par ambition , ou
par quelqu'autre motif , lâche , bas , &
odieux ,

odieux , ce n'eſt pas aſſez de les exclure
des charges Eccléſiaſtiques, il faut les ré-
puter & les tenir pour ſi infames , qu'on
les banniſſe de la compagnie des hommes ;
c'eſt ainſi que l'antiquité en a agi, comme je l'ai fait voir dans l'exemple de Genutius. Je paſſe plus loin encore, car
j'eſtime que non ſeulement ils doivent être
couverts d'opprobre & de honte , mais
même qu'ils doivent être punis comme
d'un crime capital ; En effet, le droit les
déclare homicides d'eux-mêmes ; * *ſi quis
abſciderit ſemet ipſum id eſt ſi quis computa-
verit ſibi virilia , non fiet Clericus, quia ſui eſt
homicida , & Dei conditioni inimicus. Si quis
cùm Clericus fuerit abſciderit ſemet ipſum, omninò damnetur , quia ſui homicida eſt.* Il eſt
bon d'entendre ce mot *homicida* , car il
n'eſt pas vrai, à parler proprement , que
celui qui ſe fait Eunuque, ſe faſſe mourir ; mais c'eſt parce qu'il ſe met en danger de mourir dans l'opération ; car comme on l'a vû dans un des chapitres précédens , l'Empereur dit , que de quatre-
vingt-&-dix qu'il a vû couper , à peine
en eſt-il échappé trois ; Il eſt donc appellé homicide de ſoi-même, *propter homi-
cidii periculum quod ſequi poterat ſectionem ;*
au même ſens qu'il eſt dit dans le chapitre dernier de la diſtinction quatrevingt-
&-ſeptiéme , que quiconque expoſe un enfant en eſt homicide ; la raiſon de cela eſt
qu'il ne faut pas conſidérer ce qui arrive ,
mais ce qui pouvoit arriver. *Prætor non*
ait

* Ibid. c.

ait cujus cafus nocere poſſet, dit la Loi, *ex his verbis*, ajoûte-t-elle, * *manifeſtatur non omne qnidquid poſitum eſt, ſed quidquid ſic poſitum eſt ut nocere poſſit, hoc ſolum proſpicere Pratorem ne poſſit nocere, nec ſpectamus ut noceat, ſed omninò ſi nocere poſſit Edicto locus ſit ; Coërcetur autem qui poſitum habuit, ſive nocuit id quod poſitum erat, ſive non nocuit.* J'ajoûte à la diſpoſition du Droit, qu'outre les cas qui y ſont exceptez, il y en a un qui mérite d'être conſidéré, c'eſt lors que le ſalut de tout le corps éxige qu'on en retranche cette partie, car c'eſt une maxime du bon ſens que *praſtat partis quàm totius facere jacturam*. Mais j'ai fait voir que la piété ni la Religion ne pouvoient pas ſervir de prétexte à cette infame éxécution ; *Non eſt licita ad ſervandam aliquam virtutem. V. G. Caſtitatem, quia non deſunt alia media quibus cum Dei gratia poſſit homo & aſſequi & tueri hànc virtutem.* Au reſte, il y a une remarque à faire ſur ce ſujet qui n'a pas été trouvée indigne des plus habiles Critiques, & des plus célébres Juriſconſuites ; Mornac la rapporte dans ſon Commentaire ſur la Loi, *ſi quis Cod. de Eunuchis.* Voici en quoi elle conſiſte. Le Canon neuviéme de la diſtinction cinquante-cinquiéme contient ces mots, *Eunuchus ſi per inſidias hominum factus èſt, vel ſi in perſecutione ei ſunt amputata virilia, vel ſi ita natus eſt dignus, fiat Epiſcopus ;* ce mot *Epiſcopus* a paru à mal placé, on a eu recours pour

s'é-

---

* L. ſi verò 5. § 11. lib. 9. ff. tit. 3. de his qui effuderint, vel dejecerint.

s'éclaircir fur le doute qu'on en a eu au Canon des Apôtres vingt-&-uniéme, & on
y a trouvé dans l'éxemplaire Grec le mot
χλεριχός, & non pas celui d'*Epifcopus*. Ce
qui avoit donné lieu à ces Savans de douter étoit, dit Mornac, que l'indécence &
la difformité d'un homme fans barbe &
efféminé, defagréable & méprifable dans
le Public, ne permettoit pas de croire
que l'Eglife l'eût élevé fur une de fes premiéres chaires pour y enfeigner, y pré-
fider fur tout le refte du Clergé, & pour
le dire ainfi, pour dominer fur lui : Cette réfléxion n'eft point inutile ici, car il
paroît que quelque fupport que l'Eglife
ait eu pour ces malheureux, l'état de leur
perfonne a toûjours été fi vil & fi abject,
que quelques dignes qu'elles fuffent d'ailleurs, elle n'a jamais voulu les placer dans
les lieux éminens, ni leur conférer des
Dignitez illuftres & confidérables.

Je finirai ce chapitre & cette premiére Partie de mon Ouvrage tout enfemble, par quelques remarques qui ne feront point inutiles à mon fujet. Je dirai d'abord que je n'ai point prétendu
faire une Hiftoire naturelle des Eunuques,
ni une Hiftoire éxacte du fort qu'ils ont
eu dans tous les fiécles, & dans tous les
Païs ; les mœurs des Nations & des tems
font fort différentes, on voit à la honte
de la raifon humaine, que ce qui a été du
goût du Public dans un fiécle, déplaît
beaucoup dans un autre. Cette bizarerie
paroît fur tout parmi les différens Peu-

ples qui ont des différens génies. Ce défaut de virilité n'est pas également honteux par tout, il rend considérables en plus d'un lieu des gens qui sans cela ne le feroient point ; leur nom n'est pas également une injure dans tous les Païs ; Ils ont exercé les premiers Emplois & reçu des honneurs qui ne cédoient qu'à ceux qui étoient rendus aux Souverains. On voit encore presque la même chose dans tous les Païs du Levant, dans la Perse, dans l'Egypte, dans la Mesopotamie, & il est de notoriété publique qu'à la Porte du grand Seigneur, & dans la vaste étenduë de son Empire qui s'étend dans les trois parties de l'ancien Monde, les Eunuques possédent une autorité presque pareille à la Souveraine ; Ils étoient autrefois les yeux & les oreilles des Rois de Perse, ils le sont encore de l'Empereur des Turcs. Les Romains au contraire ont toûjurs eu en horreur ces demi-hommes, & abominé la Castration ; voici comment César en parle à l'occasion d'une infinité de personnes auxquelles le Roi Pharnacés avoit fait perdre la virilité *, *quod quidem supplicium*, dit-il, *gravius morte Cives Romani ducunt* ; cependant on voit que peu après du tems des Antonins Plautianus fit faire un grand nombre d'Eunuques, comme je l'ai dit ailleurs ; Et aujourd'hui les Italiens en ont beaucoup & en font cas. † Mr. Chevreau nous apprend qu'ils nomment vertueux leurs *Castrati* qui ont

* De Bell. Alexand. † Chevræana tom. 1. pag. 200.

nt la voix belle , & qu'ils honorent du
ême titre les Courtifanes , quand elles
antent , qu'elles deffinent , qu'elles
uent de la Guitare, ou qu'elles font un
adrigal. La Reine Chriftine les appel-
it , la *Virtuofa Canaglia*. C'eft une cho-
qui eft digne de remarque, qu'il n'y a
oprement que l'Italie , qui n'eft qu'un
in de terre en comparaifon de tout le
fte du monde Chrêtien, qui produit des
unuques. Il feroit fort difficile de rap-
rter éxactement tout ce que le caprice
s hommes leur a fait fait faire à cet
ard dans tant de fiécles qui fe font écou-
, & parmi tant de peuples qui ont
bité toutes les parties du Monde ; D'ail-
urs , comme ce n'eft point le but de cet
uvrage, il me fuffit de conclure de tout
que j'ai dit jufques ici , qu'il ne paroît
cune Ordonnance , aucune Loi , ni au-
ne Conftitution , qui réglent le maria-
é des Eunuques , ce que l'on trouveroit
failliblement dans les Hiftoriens anciens
modernes, ou dans les compilateurs du
roit, s'il leur avoit été permis d'en con-
acter , & s'il s'en étoit effectivement con-
acté, de même qu'on en trouve concer-
nt la faculté de fe faire Eunuque, de
fter , d'adopter , d'exercer la Tutelle,
d'être appellé en témoignage ; on y trou-
au contraire des Loix qui les deffendent
folument. C'eft ce qu'il s'agit d'éxami-
er plus particuliérement dans la feconde
artie de cet Ouvrage.

Fin de la premiére Partie.

E 3   SE-

SECONDE PARTIE.

Dans laquelle on difcute le droit des Eunuques par rapport au mariage; & dans laquelle on éxamine s'il doit leur être permis de fe marier.

CHAPITRE PREMIER.

De la nature & du but du Mariage. Que l'Eunuque ne peut y répondre.

MOn deffein n'eft point de faire ici l'éloge du Mariage, & moins encore d'outrer les chofes fur ce fujet, comme a fait un Auteur moderne dont les éxagérations ont été fort relevées *. Je n'ai pas deffein non plus d'é-xaminer à fond la matiére du mariage; San-chez & Pontius y ont trouvé de quoi faire chacun un gros volume in folio; & nous avons vû depuis peu, qu'un Eccléfiaftique de Florence nommé Charles Mazzi, a tâ-ché de traiter fuccinctement ce fujet & de

ré-

* Voyez les Nouvelles de la République des Lettres par Mr. Bayle tom. 4. pag. 948.

éduire ce qu'on en a dit en abregé comme il paroît par le titre de son Ouvrage ,
qui est, *Mare Magnum Sacramenti Matrimonii in exiguo* ; Cependant, son Livre est un
volume in folio ; Ce qui a donné lieu à un
habile homme de dire *, que puis que l'Auteur, en nous donnant un in folio, ne nous
montre qu'en petit l'ocean du mariage ;
combien de volumes faudroit-il pour nous
le montrer en grand ? Quoi qu'il en soit ,
c'est une matiére si vaste, si agitée, si pleine d'écueils, que les Théologiens Casuistes ne sçavent comment faire pour l'épui-
ser , & qu'ils se trouvent souvent incertains
de la route qu'ils doivent tenir ; Je me contenterai donc de poser quelques principes
généraux par lesquels je ferai connoître la
nature & le but du mariage, pour en tirer
ensuite des conséquences nécessaires au sujet particulier que je traite.

Le Mariage est , selon la définition que
les Jurisconsultes en donnent, un consentement de l'homme & de la femme , de
passer leur vie ensemble dans une union perpétuelle , qui ne soit séparable que par la
mort de l'un ou de l'autre ; † *Viri & mulieris
conjunctio individuam vitæ consuetudinem con-
tinens.* Quoi que cette définition soit donnée par des Jurisconsultes qui ont été les
oracles de la Jurisprudence , j'oserai dire
néanmoins qu'elle n'est point juste ; car si
elle l'étoit, la Tourterelle qui ne s'accou-
ple qu'avec un mâle , & qui ne se laisse

E 4

point

* Ibid. tom. 7. pag. 1466. † Instit. lib. 1. tit. 9.
§. 1.

point approcher par un autre lors que le premier est mort, auroit contracté un mariage ; ce qu'on ne peut pas dire d'une bête destituée de raison & d'intelligence. D'ailleurs, le concubinage constant avec une seule femme seroit aussi un véritable mariage, ce qui est contraire à l'institution de son union. Toutes les unions qui sont indivisibles dans la société ne sont pas des mariages ; cependant, pour ne pas disputer ici contre une définition reçûë depuis tant de siécles, je dirai seulement qu'elle contient deux expressions qui demandent quelqu'éclaircissement ; l'une est le mot *conjunctio*, il ne se prend pas simplement pour le consentement des contractans, il se prend aussi *pro corporum commixtione*. L'autre est le terme *individuam*, il s'entend de ceux qui contractant mariage lesquels son censez avoir dessein de vivre ensemble dans l'union jusqu'à la mort de l'un ou de l'autre, car le divorce étoit permis chez les Romains, comme on le voit par le titre entier du Code *de Repudiis*, & du Digeste *De Divortiis & Repudiis*. Ce que je dirai dans la suite de ce chapitre pourra satisfaire aux doutes auxquels ces mots ont donné lieu.

Le Mariage est la plus excellente de toutes les unions. 1. Parce que c'est Dieu qui l'a institué dans le Paradis terrestre, durant l'état d'innocence. 2. Parce qu'il n'y a rien qui convienne mieux à l'homme que le mariage, ni qui se rapporte plus parfaitement à ses besoins. 3. Parce que le mariage

mariage eſt très-néceſſaire au monde pour
y conſerver les Sociétez, & pour y entretenir la ſageſſe & la pudeur.

La différence des ſéxes & ces paroles,
croiſſez & multipliez, que Dieu a proñon-
cées lui-même lors qu'il les joignit enſemble, qu'il inſtitua le mariage & qu'il le benit, font voir manifeſtement que le but de
cette union n'eſt autre que la propagation
du genre humain. Cette union ne peut
donc point paſſer pour un ſimple conſentement de demeurer enſemble, comme quelques-uns l'ont crû, mais *pro corporum com-*
mixtione, ou *pro copula carnali*. Ces paroles de Dieu, *& ils ſeront deux dans une même*
chair, ne ſignifient autre choſe. Les Canoniſtes ne regardent le gendre & la fille que
comme une ſeule & même perſonne, comme un ſeul & même enfant, *ſi vir & uxor*
non jam duo ſed una caro ſunt, *Non aliter eſt*
nurus reputanda quam filia, or ils ne peuvent
être *una caro* que par la conſommation du
mariage, *non aliter vir & uxor mulier non*
poſſunt una caro fieri niſi carnali copulâ ſibi co-
hæreant; ce ſont les termes qui ſont em-
ployez dans le droit Canon*. En effet, ſi
ces paroles ne ſignifioient qu'un ſimple
conſentement, quel ſens pourroit-on donner à cette expreſſion de Saint Paul, *Ne*
ſçavez-vous pas que celui qui s'attache avec
une femme débauchée eſt fait un même
corps avec elle, car les deux, eſt-il dit, *de-*
viendront une même chair. Un homme
qui commet paillardiſe avec une femme,

E ſ

ne

---

* Decret. 1. pars. cauſa 35. quæſt. 1. & 2.

ne s'engage pas à demeurer toujours avec elle, comment donc est-il fait un même corps avec elle ? Ce ne peut être que *per corporum commixtionem*, ou *per copulam carnalem*, comme je l'ai dit ; Or quel but peut avoir cette conjonction, selon l'intention de Dieu qui en a été l'Instituteur ? C'a été de procurer lignée, d'engendrer des enfans ; *croissez & multipliez*, dit-il, voila pourquoi je vous joins ensemble ; Il ne dit pas, *divertissez-vous, donnez l'essor à vos passions brutales, Faites tout ce que vos sens & la nature exigeront de vous, uniquement dans la vûë de leur plaire & de les satisfaire.* D'ailleurs, Adam étant dans l'état d'innocence, le dessein de Dieu ne pouvoit pas être de lui donner cette liberté, il n'avoit point alors de ces convoitises charnelles qui sont nées avec ses successeurs depuis sa chute. Il est vrai que quelques Interprétes ont crû que ce mot *croissez* ne regardoit que la grandeur du corps ; mais outre qu'il est certain que le mot original signifie, *fructifiez*, & que c'est en ce sens qu'il est dit au Pseaume 132. *l'Eternel a juré la vérité à David, il ne s'en détournera point, je mettrai du fruit de ton ventre sur ton Trône*, c'est à dire, quelqu'un des tiens & de ta postérité ; c'est en ce même sens qu'Elizabeth dit en passant à Marie, *benit est le fruit de ton ventre*, les Auteurs profanes se servent de la même expression dans le même sens, témoin celui-ci du Poëte Claudien, *

Nascitur ad fructum mulier prolemque futuram.

Cette

Cette expreſſion eſt auſſi connuë dans le droit Canon *, dans lequel *Mater in procreatione filia dicitur radix, Filius verò flos & pomum*, outre tout cela, dis-je, il eſt certain que le mot *multipliez* qui ſuit celui-ci, *fructifiez*, ôte toute l'ambiguité qu'il pouroit y avoir ; & d'ailleurs le Prophete Malachie explique les paroles de Dieu d'une maniére claire & qui ne laiſſe aucun doute dans l'eſprit ; Il parle à un mari de ſa femme légitime en vertu d'un Contract qu'il a fait avec elle, & il lui dit, *N'eſt-elle pas l'ouvrage du même Dieu, & n'eſt-ce pas ſon ſouſle qui l'a animée comme vous ? Et que demande cet Auteur unique de l'un & de l'autre, ſinon qu'il ſorte de vous une race d'enfans de Dieu !* Saint Paul nous en donne un Commentaire à peu près pareil, lors que parlant des veuves, il dit,† *qu'il veut que les jeunes ſe marient & qu'elles mettent des enfans au monde;* on prend donc des femmes & on ſe marie avec elles pour en avoir des fils & des filles, *afin de multiplier & de ne point laiſſer périr notre nombre,* comme s'exprime le prophete Jérémie §. Dieu donc n'a établi le mariage que pour ſuſciter lignée, & par ce moyen nous rendre en quelque façon vivans après notre mort ; * *Natura nos docet parentes pios liberorum procreandorum animo & voto uxores ducere.* ...... *Et enim idcircò Filios filiaſve concipimus atque edimus ut ex prole eorum, earumve, diuturnitatis nobis memoriam in ævum relinquamus;*

De

De là vient que quelques Interprétes esti-
ment que Jésus Christ dans saint Luc *, dit
que ceux qui feront ressuscitez ne se marie-
ront point; *car*, dit-il , *ils ne pourront plus
mourir*, comme s'il vouloit dire que le mariage n'étant établi que pour nous substituer
des successeurs après notre mort il ne sera
plus nécessaire de se marier après la résurrec-
tion , puisqu'alors on ne pourra plus mourir. Le désir d'avoir lignée est dans l'homme & dans la femme, mais on dit qu'il est
plus grand aux femmes qu'aux hommes , &
que de là vient que ce contract a pris son
nom de la femme plûtôt que de l'homme ,
Matrimonium , dit-on † , *à matrisnomine , non
adepto jam , sed cum spe & omine jam adipiscen-
di*. Mais j'avoüe que je ne suis point du
tout de ce sentiment, car il est certain que
l'homme perpétuant son nom & sa réputation par le moyen de ses enfans , doit souhaiter beaucoup plus d'en avoir , que la
femme dont le nom est éteint lors qu'elle se
marie , parce qu'elle prend celui de son mari , & dont la réputation consiste uniquement à faire son devoir envers son mari &
envers sa famille, *la gloire de la femme* , au
reste , *étant le mari* , comme parle Saint
Paul ; D'ailleurs , pour me servir de l'expression des Canonistes § , *filius matri ante par-
tum est onerosus , in partu dolorosus , post par-
tum laboriosus*. Je croirois donc qu'il seroit
plus vrai-semblable de dire que le mariage
prend son nom de la femme , parce qu'elle
con-

* Chap. 20. v. 35 & 36. † Aul. Gel. lib. 18. cap.
& §. Cap. extr. de convers. infidel.

ontribué plus au mariage que l'homme.
Quoi qu'il en soit, il résulte toûjours de
tout ceci, que le désir d'engendrer est le
but & la fin du mariage ; les Philosophes
eux-mêmes en conviennent, *Quem admo-
dùm*, disent-ils, *homo naturaliter & substan-
tialiter est Animal, ita est vivens, Naturalis-
simum autem opus viventium est generare sibi simile ; perfectum est*, disent-ils encore, *unum
quodque, cum simile sibi producere potest.* Suivant ces maximes, comment le mariage
eut il convenir à un Eunuque ? Comment
eut-il être capable de le contracter ? Et ne
paroît-il pas que l'Eunuchisme & le mariage sont deux choses incompatibles & essen-
tiellement opposées ? Aussi les Payens,
quoi qu'ils ne se conduisissent qu'à la lueur
de la raison humaine obscure & bornée,
ne vouloient pas qu'on contractât mariage
à aucun autre but qu'à celui de procréer lignée. Voici un exemple qui le fait bien
voir ; Septitio mére des Trachales Ari-
» minsens, pour leur faire dépit, bien
» qu'elle fût hors d'âge de porter enfans,
» épousa un Publicius aussi fort âgé, & par
» un testament les priva de sa succession ; ces
» deux fils s'en étans plains au Divin Augus-
» te, il déclara le mariage nul, & cassa le
» testament, voulant que ses enfans fussent
» ses héritiers, & refusant même au vieil-
» lard l'avantage que cette femme lui fai-
» soit à cause qu'ils avoient contracté leur
» mariage sans espérance d'avoir lignée. Si
» la Justice même s'étoit mise dans son Trô-
» ne, & qu'elle eût pris connoissance de
» cette

» cette affaire, auroit-elle plus équitable-
» ment & plus gravement prononcé ? Parmi les bêtes mêmes qui n'ont point péché
& qui font toutes demeurées dans les termes de leur nature, qui fuivent toutes leur
ordre, les femelles ne fouffrent le mâle que
pour devenir méres.

CHAPITRE II.

Les Eunuques ne pouvant pas fatisfaire au but du maria- ge, ils ne doivent pas le contracter.

LEs Eunuques qui contractent mariage
font de mauvaife foi & méritent d'être
punis. Premiérement ils commettent une
fauffeté infigne. Ils fe donnent pour hommes & ils ne le font point; la fauffeté, felon les Jurifconfultes *, *eft actus dolofus veri-
tatis mutanda gratia ad alterum decipiendum
factus, quem lex pro falfo habet, & lege Cornelia de falfis coërcet.* Il n'eft pas néceffaire
que les Eunuques pour être coupables de
fauffeté ayent dit pofitivement qu'ils é-
toient capables de fatisfaire aux Loix de
mariage, il fuffit que fçachant les Loix ils
fe foient engagez dans cette union & qu'ils
ayent donné lieu par là à croire qu'ils pouvoient

* Nouvel, 73. in princip.

oient en remplir les devoirs. * Car *falfum*
ommittitur non dicto fed facto, comme on le
oit par tous les cas qui font rapportez dans
Loi *Quid fit falfum quæritur, 23. ff. ad le-*
em Corneliam de falfis.

En fecond lieu, ils promettent ce qu'ils
e peuvent point tenir. On fait différence
n droit entre *Sponfalia* & *Matrimonium :*
onfalia funt mentio & repromiffio nuptiarum
turarum ; ce font les termes de la loi pre-
iére *ff. de fponfalibus.* Ce mot *Sponfalia*
ient du mot *fpondere* qui fignifie *promettre.*
e droit Canon eft fort différent du droit Ci-
il en ce qui concerne les fiançailles des En-
ans, ou des Adolécens. Le premier † décide
ettement que *fponfalia amborum Infantium,*
et alterius tantum per fupervenientiam majo-
is ætatis non validantur, nec publicam hone-
atem inducunt. § L'Autre au contraire
it abfolument que *fponfalibus contrahendis*
tas contrahentium definita non eft, mais il
joûte ces mots, *ut in matrimoniis.* C'eft
dire, *in Matrimonio non confideratur prin-*
ipaliter ætas, fed potentia generandi. L'état
es contractans doit être certain, parce
'u'il faut qu'ils foient capables de le con-
ommer. S'il arrive que l'un n'en foit pas
apable, il n'y a point de mariage parce
ue, *ubi datur permixtio habilis cum inhabili vi-*
iatur actus, quando requiritur concurfus habili-
tatis in utroque, c'eft une maxime qui eft
anifeftement démontrée par les Canoni-
ftes

ſtes qui ont commenté la Loi , *utile non
debet per inutile vitiari.* C'eſt ſur cela que
le chapitre ſecond *de Frigidis* eſt fondé ; Il
porte préciſément ces mots , *ſicut puer qui
non poteſt reddere debitum , non eſt aptus conjugio , ſic qui impotentes ſunt minime apti ad
contrahenda matrimonia reputantur.* Un enfant n'eſt pas propre au mariage parce qu'il
ne peut point en remplir les devoirs. Il y
a du plaiſir à lire la diſpenſe d'âge que
l'Archevêque de Tours accorda dans le
Mariage de Louïs , Dauphin, fils du Roi
Charles Sept , & de Marguerite d'Ecoſſe ,
parce que l'Epoux n'avoit que quatorze
ans , & que l'Epouſe n'en avoit que douze ; comme ſi une diſpenſe de cette nature étoit une choſe qui fût au pouvoir des
hommes, il n'y a que la nature qui puiſſe en accorder de telles *. Juſtinien a fixé la puberté à quatorze ans , & le droit
Canon a fixé celle des filles à douze ,
mais il excepte de cette Loi générale celles , *in quibus malitia ſupplet ætatem.* Mais
la nature n'eſt point aſſujettie aux Loix
Civiles ni aux Loix Canoniques ; Elle
ſort quelquefois de ſes propres régles ,
elle eſt tantôt avare , & tantôt prodigue de
ſes faveurs. L'Ecriture Sainte parle de Salomon qui engendra Roboam à l'âge d'on-
ze ans , & d'Achaz qui engendra Ezechias
à l'âge de dix ans. S. Jerôme , le Pape
S. Gregoire , Scaliger , Mr. Bochart , &
pluſieurs autres , ont rapporté des cas ſin-
guliers. Ils ont vû un garçon de dix ans
avoir

* L. vehen la 10. §. 1. ff. ad leg. Rhod. de Jactu

avoir eu un enfant de sa nourrice ; ils ont vû d'autres exemples de ces fruits préco- ces *, mais ni l'autorité des hommes, ni leur artifice, n'avoit rien contribué à leur pro- duction. Les Eunuques qui n'ont plus ce que la nature leur avoit donné pour être ca- pables du mariage, ont beau recourir à la faveur & à l'autorité des hommes, ils ne les mettront jamais en état de le consom- mer, & jamais ils n'obtiendront d'eux le pouvoir d'éxécuter ce qu'ils auront promis par leur engagement. Ils ont donc tort de promettre solemnellement ce qu'ils sçavent ne pouvoir absolument tenir par eux-mêmes quelque secours qu'ils reçoivent d'autrui ; *Paria censentur jurare & Religione data fide promittere* ; Et ils ne sont point excusables par la raison que les Jurisconsul- tes en rendent ; *Permittenti non subvenitur quando ten pore promissionis difficultatem sciebat.* Les Canonistes parlant du mariage de Da- vid avec la Sunamite §, si tant est que c'en ait été un véritable, puisque Bethsabée, Abigail, & ses autres femmes & ses con- cubines, vivoient encore, mettent en question si David fit bien de l'épouser, n'é- tant point en état de consommer le mariage avec elle ; Et ils ne l'excusent que par- ce qu'il ne la prit point par un mouvement de convoitise, de son bon gré, mais par l'avis, ou plûtôt l'ordre des Médecins ; & pour satisfaire aux Principaux de son Royaume. Ils disent encore que la vie

de

* Voyez S. Jerôme, Epltr. 2. tom. 3. p. 11. §. 1 Liv. des Rois ch. 1.

de David ayant été prolongée par ce moyen ;
Adonias ayant été vaincu , & le Régne de
Salomon bien établi, on doit en juger fa-
vorablement.

Enfin , le mariage eſt une eſpéce de contract de vente & d'achat , le mari aquiert
la puiſſance du corps de la femme , & la
femme aquiert la puiſſance du corps du mari. A Rome autrefois le mariage ſe faiſoit *per emptionem*; c'eſt donc un contract de
bonne foi dans lequel le Juriſconſulte dit *
que le dol doit être préſumé lors qu'on tient
malicieuſement quelque choſe de ſecret ,
Comme donc dans un contract de vente
rien ne doit demeurer inconnu ni douteux ;
que l'acheteur doit avoir connoiſſance du
vice de la choſe qu'on lui vend , ou de la
maladie ſecrette & cachée dont l'animal
vendu pourroit être atteint. De même
auſſi dans cette eſpéce d'achapt toute la
fraude doit être imputée à l'Eunuque qui
a caché ſon impuiſſance. Fragoſus éxamine dans ſon excellent Ouvrage qui a
pour titre , *Regimen Reipublicæ Chriſtianæ.
Impedimenta matrimonii an ſint revelanda quan-
dò ſunt omninò ſecreta*, & il décide la queſtion † en diſant , que celui qui ne révéle
pas les empêchemens lors qu'ils ſont diri-
mens , péche mortellement ; le mariage
de ces ſortes de gens eſt ſi odieux qu'il eſt
toûjours déclaré nul & comme non avenu
dès que leur état eſt découvert.

Les nôces qui ſe faiſoient parmi les Romains,

* L. ea quæ commendandi cauſa ff. §. ult de contrah.
empt. † Part. 1. lib. 5. diſput. 12. §. 10. num. 351.

mains, *por coëmptionem*, le célébroient de cette maniére ; Aprés quelques cérémonies, *se se coëmendo interrogabant , vir ita, an sibi mulier mater familias esse vellet ? illa respondebat , velle ; Interim mulier interrogabat an vir sibi pater familias esse vellet, ille respondebat velle. Sic mulier in viri conveniebat manum ;* c'est à ce propos que Virgile a dit ,

Teque sibi generum Thetis emat omnibus undis.

Servius observe que ce mot *emat* , se rapporte à l'ancien usage de contracter. On peut voir toutes les solemnitez de ces sortes de mariages dans le Livre sixiéme de la Cité de Dieu de Saint Augustin , & dans le chapitre neuviéme du Livre sixiéme des Antiquitez Romaines de Rosinus.

CHAPITRE III.

Le Mariage des Eunuques est considéré comme nul & comme non avenu.

C'Est une maxime en Droit , que *falsum quod est , nihili est.* Les Eunuques qui s'unissent avec une femme , la trompent ; ils ne contractent point mariage avec elle puis qu'ils ne sont pas capables de contribuer

buer de leur part comme ils le devroient à la substance du mariage ; Ainsi on peut dire que ce n'est qu'un vain phantôme , ce n'est qu'un mariage feint & simulé , & nullement un mariage réel & véritable. De là vient que quand il s'agit de séparer une femme qui a été surprise par un Eunuque , on ne dissout point le mariage, mais on déclare qu'il n'y en a point eu. C'est sur ce principe que toute la Jurisprudence de ces sortes de conjonctions est fondée *. Elle fait voir qu'il n'y a ni mari , ni femme , ni dote , ni douaire. La loi *in causis* , contient une décision précise sur ce sujet, *si maritus* , dit-elle, *uxori ab initio matrimonii usque ad duos annos continuos computandos coïre minime propter naturalem imbecillitatem valeat , potest mulier vel ejus parentes sine periculo dotis amittenda repudium marito mittere.* La Loi *si serva servo* , s'explique bien plus clairement † ; *si spadoni* , dit-elle, *mulier nupserit , distinguendum arbitror castratus fuerit , nec ne ; ut in castrato dicas dotem non esse , In eo qui castratus non est , quia est matrimonium , & dos & dotis actio est.* Au second cas le mari a action pour la dote , & la raison qui en est donnée , c'est qu'il y a mariage, & par conséquent dans le premier cas il n'y a point de mariage , puis qu'il n'y a point d'action pour la dote ; cette matiére mérite qu'on s'y étende un peu davantage.

Il semble ordinairement que dès là qu'une

ie femme eſt liée par contract avec un
homme, & que les cérémonies de l'E-
liſe ont rendu ce lien ſolemnel, il y a
n véritable mariage, mais on ſe trompe ;
ette erreur eſt fondée ſur cette maxime
e Droit que j'expliquerai dans la ſuite.
onſenſus non concubitus matrimonium facit
oici un Juriſconſulte qui nous en dé-
rompe, c'eſt Ulpien qui prononce for-
nellement ſur ce ſujet. *Non omnes con-*
unctiones implent conditionem cùm nupſerit ,
utà enim nundum nubilis ætatis in domum
mariti deducta , non paruit conditioni ſi nupſerit
el ſi ei conjuncta ſit , cujus nuptiis erat in-
erdictum. Ce n'eſt point aſſez d'avoir
aſſé contract, d'avoir épouſé à la face
e l'Egliſe, d'avoir été menée dans la
aiſon de l'Epoux, d'avoir été miſe en-
re ſes bras, toutes ces circonſtances ne
nt que des apparences du mariage, mais
lles ne font pas le mariage. Il faut que
è mari & la femme ayent été nubiles &
pables de le conſommer. C'eſt donc avec
iſon que l'Empereur Juſtinien a décidé
ns ſes Inſtitutes que ſi cette femme
rd ſon mari avant qu'elle ait été *viri*
tens , elle ne lui a jamais été femme lé-
itime ; † *Nec vir , nec uxor , nec nuptiæ,*
ec matrimonium , nec dos intelligitur. Le
uriſconſulte Labeo s'explique encore plus
lairement , § *quando pupilla* , dit-il , *le-*
gatum

Voyez le Treſor ou la Bib'ioth. du Droit Franç. par
re Laurent Bouchel tom. 2. pag. 691. † Tit. de
uptiis §. 12. § L. 30. ff. quando dies leg. vel ſi leic.
dat.

gatum est, quandocumque nupserit, si ea minor quàm viri potens nupserit, non ante ei, legatum debebitur quàm viri potens esse cœperit, quia non potest videri nupta que virum pati non potest ; L'Histoire * rapporte un fait qui est digne de remarque ; François I. souhaitant de tirer le Duc de Cléves du parti de l'Empereur Charles-Quint, & de l'engager dans le sien, pressa & contraignit Marguerite de France sa Sœur, & Henri d'Albret Roi de Navarre son beau-frere, de lui donner en mariage Jeanne leur fille qui n'étoit âgée que de huit à neuf ans ; le mariage fut conclû & arrêté, solemnisé dans la Ville de Châteleraud, l'Epouse conduite au lit nuptial ; cependant par jugement du Pape, il a été dit depuis, qu'il n'y avoit point eu de mariage, & cette jeune Princesse a été mariée de nouveau à Antoine de Bourbon ; C'est sur ce principe sans doute que les Tribunaux † ont permis à une fille qui avoit été mariée à l'âge de sept ans avec le Frére aîné, de se marier ensuite avec le frére cadet, lorsqu'elle est parvenuë dans un âge Nubile. Ce seroit autoriser un Inceste si on considéroit le premier mariage comme un véritable mariage. Et il paroît bien qu'il n'est point du tout considéré comme tel ; § Il est même deffendu aux Prêtres par les Conciles de

marier

---

* Vid. Pruckneri manuale mille quæstionum illustrium Theolog. Centur. 8. Quæst. 43. † Voyez le Trésor, ou la Biblioth. du Droit François par Mre Laurent Bouchel tom. 1. pag. 689. § Capitul. 10. Decretal. Gregor. lib. 4. tit. 2.

marier des gens notoirement incapables
d'éxercer les fonctions du mariage. Les
Canonistes font beaucoup plus décififs fur
cette matiére que les autres Jurifconfultes,
car ils vont jufques là. qu'ils difent que
contractus ante pubertatem etiam cum nifu car-
nalis copula non facit Matrimonium. On fçait
ce que c'eft que *Pubertas*, en tout cas le
chapitre troifiéme du même titre l'enfel-
gne ; *Puberes*, dit-il, *à Pube funt vocati,*
id eft à Pudentia corporis nuncupati, quia hæc
loca primo lanuginem ducunt ; Quidam tamen
ex annis pubertatem exiftimant, id eft eum effe
puberem qui tredecim annos implevit, quamvis
tardiffime pubefcat ; Certum eft autem eam pu-
berem effe, quæ ex habitu corporis pubertatem
oftendit, & generare jamjam poteft, & puer-
pera funt quæ in annis puerilibus pariunt ; De
forte que fuivant cette définition les Eunuques ne font jamais *puberes*, & n'étant
d'ailleurs jamais capables du mariage,
ceux qu'ils contractent font nuls par eux-
mêmes. Les Conciles & les Papes deffendent expreffément de faire les cérémonies prefcrites par l'Eglife, comme de
donner la bénédiction, &c. pour des mariages nuls, tels que font ceux dont je
viens de parler, afin qu'elles ne foient pas
faites en vain. Je conclûs donc, que
non eft inter eos matrimonium quos non copulat
commiffio fexus, comme il eft dit dans le
Decret de Gratien * ; *Non eft dubium,* dit-
il, *illam mulierem non pertinere ad matrimo-*
nium cum quâ commiftio fexus non docetur
fuiffe.

* Decret. 2. pars cauf. 37. quæft. 2. c. 17.

fuiße. * *Qui matrimonio conjuncti funt & nubere non poßunt, illi non funt conjuges;* Voici en un mot ce que c'eſt que le mariage au ſentiment des Canoniſtes, *In omni matrimonio,* diſent-ils † *conjunctio intelligitur ſpiritualis quam confirmat & perficit conjunctorum commiſſio corporalis.* Dès-là donc que dans le mariage des Eunuques il n'y a jamais eu de véritable mariage, parce qu'il n'y a jamais eu de véritable conjonction, on ne prononce point de diſſolution, on dit ſimplement qu'il n'y a point de mariage, & que la partie plaignante eſt en liberté d'en contracter un avec qui bon lui ſemblera. § *Tum propriè non fit divortium, ſed fit declaratio, ut alii ſciant illam ſocietatem non eſſe conjugium, & conceditur perſona quæ habet natura vires integras ut etiam vivente altero impotente poſſit contrahere cum alio.* * L'Egliſe Romaine qui conſidére le mariage comme un Sacrement, ne le diſſout jamais, † *quo ad vinculum,* elle ne ſépare la partie plaignante que, *quo ad thorum;* lors donc qu'elle permet à la partie plaignante de ſe remarier, c'eſt qu'elle eſtime qu'il n'y a point eu précédemment de mariage; c'eſt donc ſe moquer & abuſer des cérémonies les plus graves de la Religion que de les faire intervenir dans un acte faux & chimérique pour autoriſer une impoſture, qui

pro·

---

* Ibid. c. 30. † Ibid. c. 37. &c. § Voy. Schneidevin. in Inſtitut. lib. 1. Tit 10. pars 4. * De divortiorum. 22. † On peut voir ſur ce ſujet les ch. 61. & 64. de la 2. Centurie des Arrêts de Mr. le Prêtre.

produit des inconvéniens qu'il feroit très bon de prévenir. On peut dire même que ces gens-là font dans le cas de la Novelle que l'Empereur Juftinien a donnée * , pour punir celui des conjoints qui fe trouvera avoir caufé mal à propos la diffolution du mariage. Solon avoit fait auparavant une Loi contre ceux qui ne pouvoient pas rendre les devoirs dûs à leur femme ; Il donnoit à ces femmes l'action d'injure contre ces maris impuiffans.

CHAPITRE IV.

Inconvéniens que le Mariage des Eunuques produit ordinairement.

LE † Poëte Claudien parlant d'un Eunuque, l'appelle une vieille ridée. Térence lui donne le même nom, *Eunuchum*, dit il §, *illum ne objecro? Inhoneftum hominem, quem mercatus eft here, fenem mulierem*; Mais Martial pouffe la Satyre & l'injure plus loin ; il ne fe contente pas de dire, en parlant de Numa qui avoit vû un Eunuque efféminé, *

F

The-

Thelin viderat in toga spadonem,
Damnatam Numa dixit esse mœcham;
   Il dit encore †,
Dos etiam dicta est. Nondum tibi Roma videtur
Hoc satis? Expectas numquid & ut pariat?

Toute la différence qu'il y a, c'est que Martial parle de deux hommes qui se faisoient passer pour femmes, & que je parle d'hommes qui sont véritablement comme des femmes, & auxquels ce qui est dit dans la Loi, *cùm vir nubit. cod. ad legem Juliam de Adultero*, convient à peu près. Ce sont les Empereurs Constantius & Constance qui y parlent, *cùm vir, disent-ils, nubit ut fœmina viris, paritura quid cupiatur, ubi sexus perdidit locum, ubi scelus est id, quod non proficit scire, ubi Venus mutatur in alteram formam, ubi amor quæritur nec videtur.* Cet assemblage ne produit point l'effet que la femme en avoit espéré; * *sic virgò intacta manet, inculta senescit :* selon l'expression de Catulle & d'Ovide. † Ce n'est point là l'intention de cette femme, ni le but du mariage,

  Fœmina fortuna similis formosa videtur,
   Non amat ignavos illa nec ista Viros.

ou plûtôt comme s'exprime le même Poëte qui dit plusieurs véritez en raillant d'une maniére trés agréable & trés enjouée,
          Sed

† Epigram. 41. lib. 12. * Carmen Nuptiale lib. 1. carm. 63. † Ovid. Amor. lib. 3. Eleg. 7.

*Sæpè quie eit ager, non semper arandus, at uxor **
Est ager, assiduo vult tamen illa coli. †

Si cette idée paroît outrée, il y en a une autre qui n'est pas plus avantageuse aux Eunuques, & dont les conséquences ne font pas plus favorables à eux & à leurs femmes.

Ce ne font que des demi-hommes ; § Juvenal appelle un Eunuque *semivir*. Mais c'est trop dire en leur faveur ; ce ne font que des arbres stériles, des troncs desséchez, comme s'exprime Esaïe.

*Truncus iners jacui, species & inutile signum, **
Nec satis exactum est corpus an umbra forem.

Voilà la véritable description d'un Eunuque ; Et voici deux traits qui en achévent le portrait ; l'un est donné par les Jurisconsultes, & l'autre par un Ectivain sacré.

L'Eunuque est un homme toûjours malade, & toûjours languissant, † *morbosus* ; Par conséquent incapable de faire les fonctions de la vie active ; *sin autem ita spado est*, dit le Jurisconsulte Paulus, *ut tam necessaria pars corporis ei penitus absit, morbosus est* ; c'est un malade impuissant qui voit l'occasion d'agir & qui ne peut ; Qui comme Tantale se voit au milieu des biens & des plaisirs & qui ne peut point les goûter ;

F 2

on

* Aulonius Epigramm. 55. † Ibid. Epigram. 275. § Juven. Satyr. 6. v. 513. * Ovid. ubi suprà. † Liv. 21. tit. 1. de ædilit. Ædicto l. 7.

on peut dire de lui ce qu'Horace dit § de
son avare, ,, mon ami, lui dit-il, vous
,, avez entendu parler de Tantale ? Il meurt
,, de soif au milieu d'un fleuve dont l'eau
,, fuit aussi-tôt qu'il veut boire. De qui
,, pensez-vous rire ? C'est de vous que par-
,, le la Fable sous un nom emprunté ; vous
,, dormez sur des sacs d'argent entassez au-
,, tour de vous les uns sur les autres, vous
,, les dévorez des yeux, cependant vous
,, n'oseriez non plus y toucher qu'à des
,, choses sacrées ; Et ce sont des richesses
,, en peinture à vôtre égard. La différence qu'il y a, c'est que l'avare peut & ne
veut point se donner du plaisir de son bien,
& que l'Eunuque voudroit bien, mais
qu'il ne peut point, & en cela on peut
dire, que la comparaison de lui à Tantale est plus juste, que celle qu'Horace fait
de son avare à Tantale ; On peut dire à
l'Eunuque plus à propos qu'à l'avare,

*Indormis inhians, & tanquam parcere sacris
Cogeris, aut pictis tanquam gaudere tabellis.*

Tant s'en faut donc qu'une femme à ses
côtez soit un bien qui lui donne de la
joye, il l'afflige au contraire beaucoup,
parce qu'il ne peut point en profiter, c'est
une vérité que le Sage a reconnu, & c'est
le second trait qui achéve la peinture de
l'Eunuque ; Il est de la façon de l'Auteur de l'Ecclésiastique, soit qu'il soit Jésus Sirach, soit que ce soit Salomon ; il
parle

§ Horat. Sermon, lib. 1, Satyr. 1.

parle d'un homme qui porte la peine de fon iniquité *, & il dit *qu'il voit les viandes de fes yeux & qu'il gémit comme un Eunuque qui tient une vierge & qui foûpire* ; cette comparaifon eft très-jufte, il porte la peine de fon iniquité, foit qu'il n'ait eu autre vûë que de tromper une femme pour profiter de fes biens, ou de fes avantages ; foit que par une brutalité monftrueufe il s'abandonne à une intempérance qu'il n'eft pas dans fon pouvoir de foûtenir ; Quoi qu'il en foit une femme eft trompée ; Et elle peut dire à jufte titre, ce qu'Augufte difoit lors qu'il fe trouvoit affis entre Virgile & un autre Poëte de fon tems, *fedeo inter fufpiria & lacrimas.* Et fi cette fraude étoit autorifée il en réfulteroit plufieurs inconvéniens qui paroiffent naturellement, & qui fe font voir d'eux-mêmes.

1. Une femme languiroit & fécheroit d'ennui à côté d'un homme de cette nature, car elle a beau l'exciter, fes efforts font inutiles, c'eft pourquoi n'ayant ni les douceurs du mariage, ni l'apparence d'en joüir, elle s'affligeroit en fecret. Cela n'eft point fans exemple. L'Hiftoire nous apprend que l'Empereur Conftantius eut pour femme Eufebia, Princeffe très belle, & de la beauté de laquelle on parloit par tout avec admiration. Conftantius étoit un homme mol, efféminé & affoibli par de longues & continuelles maladies ; Eufebia qui étoit dans la fleur & dans la vi-

F 3

gueur

* Ch 30. v. 11.

gueur de son âge , eut de fréquentes maladies de femmes , & enfin se consuma, & finit ses jours étique , séche, & défigurée du chagrin secret , de n'avoir jamais eu la douce & aimable compagnie de son Epoux , sans que l'excellence de sa beauté , la jeunesse de son âge , ni le souverain honneur d'être Impératrice , ayent pû lui apporter le moindre plaisir , ni la moindre satisfaction , bien loin d'avoir pû la consoler. Cela a pû être permis à un Empereur , du moins n'a-t-on pû lui en demander raison ; mais on ne peut point permettre la même chose à un particulier dont l'intention injuste est de rendre une femme misérable pour satisfaire à quelqu'une de ses iniques passions ; Il n'est pas juste de le favoriser dans l'entreprise de faire mourir une femme innocente , vierge & martyre.

2. Il pourroit arriver qu'une femme n'auroit pas la force de soûtenir une si terrible épreuve , ni assez de fermeté pour résister aux tentations auxquelles elle se trouveroit exposée. L'esprit est prompt , mais la chair est foible , & il ne seroit pas trop surprenant qu'une femme ne trouvant pas chez elle de quoi satisfaire à une passion irritée , ne reçoive d'ailleurs des secours nécessaires pour la calmer. * Un de mes Amis m'a dit en conversation, qu'il se rencontra un jour chez un Baillif du Païs , dans le moment qu'une femme mariée à un Suisse ,
vint

* Mr. Ocluen Capitaine de Cavalerie , & l'un des Membres de la Société Royale de Berlin.

vint toute émüe, ayant un petit enfant sur
ses bras, se plaindre à lui que son mari étoit
Eunuque. On lui demanda si cet enfant
qu'elle portoit n'étoit point à elle : Elle répondit qu'oui, on lui dit pourquoi donc
elle disoit que son mari étoit Eunuque, puis
qu'il lui avoit fait un enfant ; elle repliqua
que cet Enfant n'étoit point de lui , qu'elle
ayant bien remarqué qu'il ne faisoit rien qui
vaille depuis plusieurs années qu'elle étoit
avec lui , elle avoit prié un ouvrier maçon
qui travailloit chez elle de lui faire voir s'il
ne feroit pas mieux : que l'ayant mise sur
un coffre qui étoit près de là , il lui avoit
fait cet enfant dans un seul coup ; & que
son mari n'avoit pû en faire autant dans
plusieurs années avec tous ses efforts. Le
mari ayant été cité à sa requête , & depuis
visité , on ne lui trouva point de chrémastere, il avoua qu'il en avoit perdu un à l'Armée par un coup de fusil , & qu'il avoit
perdu l'autre par une maladie ; l'affaire
ayant été envoyée dans l'Université voi-
sine ; le mariage fut cassé , & la femme
s'est mariée à son autre homme. Cet Eunuque voyoit bien que sa femme ayant un
enfant , il falloit qu'elle eût eu affaire avec
quelqu'autre que lui , cependant il ne disoit mot ; les gens de ce caractére ne font
point jaloux. Je crois même que si on pro-
posoit aux Eunuques qui se marient d'accorder cette permission à leur future Epouse , dans leur Contract de mariage , ils n'en
feroient aucune difficulté , cela ne seroit
pas sans éxemple. Je n'alléguerai pas le

                          Ju-

Jugement solemnel rendu contre un Cocu qui se plaignoit , dans lequel il est condamné à reprendre sa femme & à faire cesser les bruits qu'il avoit répandus , fondé sur ceci qui est le motif de l'Arrêt tel qu'il lui a été prononcé , *

> *Sois persuadé que Cocuage*
> *Est la Clause de Mariage*
> *Clause observée éxactement ,*
> *Et quand une femme y renonce*
> *On l'en reléve en jugement ,*
> *C'est en sa faveur qu'on prononce:*
> *La Loi pour ce fait seulement*
> *La traite toûjours de mineure,*
> *J'en sçai telle de soixante ans*
> *Qui n'est pas encore majeure.*
> *Cette Clause tire son droit*
> *Des principes de la Nature*
> *C'est en vain qu'un mari murmure*
> *S'il prend le Cas pour une injure.*

Je ne rapporterai pas non plus diverses décisions que l'on trouve dans le Cocu imaginaire de Moliére parce que tout cela n'est que fiction ; mais je rapporterai un éxemple très véritable dont voici le cas ; La feuë Comtesse de Moret avoit été mariée en troisiéme nôces à Mr. de Vardes Gouverneur de la Capelle , & en avoit eu ce Mr. de Vardes , Capitaine de cent Suisses , que le Roi de France envoya en Espagne dès que son mariage avec l'Infante fut conclû , pour complimenter de sa part

la

* Voyez Livre sans nom pag. 35.

la future Reine ; cette Comtesse de Moret fut aussi mére du Comte de Moret bâ-
tard de Henri IV. qui fut tué proche de
Castelnaudary en l'année 1632. lors que
Mr. de Montmorancy fut pris en Langue-
doc ; c'est elle qui est célébre dans l'Eu-
phormion de Barclay sous le nom de Ca-
sina, il y est dit qu'elle fut aussi mariée
au Comte de Cesy Sancy qui depuis fut
envoyé Ambassadeur à Constantinople , &
on y voit la description d'un Contract de
mariage d'un homme qui veut bien être
Cocu, & qui promet & s'oblige à le souffrir ; clause qui fut éxécutée paisiblement
& sans aucun empêchement : Peut-être
cette Dame s'étoit-elle mal trouvée dans
ses mariages précédens de n'avoir pas pris
cette précaution dans ses Contracts. Cette précaution seroit d'autant plus juste &
plus raisonnable aux femmes des Eunuques
que ces hommes efféminez ne peuvent faire eux-mêmes ce qu'ils doivent ; Et ils
sont d'autant plus traitables sur cet article, que ne pouvant s'aquitter de leurs
devoirs, ils consentent , pour éviter les
plaintes & les reproches , qu'une femme
se satisfasse comme elle peut. Ils les y
portent même très-souvent , & ils leur en
fournissent eux-mêmes les moyens* quand
il en est nécessaire. Et s'il arrive quelquefois que leurs femmes ayent du pan-
chant au libertinage & à la débauche , ils
favorisent leur inclination & profitent de
leur prostitution. Témoin ce Didyme efféminé

féminé contre lequel * Martial a fait une Epigramme si satyrique. C'a été le seul Eunuque qui ait eu une femme, du moins qui soit de ma connoissance. Et ce Didy. me confirme ce que je viens de dire, car il produisoit lui-même sa femme, & en faisoit un infame commerce dans la vûë de s'enrichir.

3. Il se rencontreroit beaucoup de femmes qui, de peur de tomber dans l'un ou dans l'autre de ces deux extrémitez que je viens de remarquer, ne voudroient jamais s'engager dans le mariage sans avoir mis à l'épreuve celui qui les rechercheroit, & sans avoir mis en pratique le conseil qu'O. vide † a donné aux Amans de tous les siecles, c'est à dire, de prendre garde, *unde legat quod amet ubi retia ponat ;* car pour suivre la même idée de ce Poëte,

Scit bene Venator, Cervis Ubi retia tendat.

Mais les femmes n'ont pas un pressentiment secret de la validité, ou de l'invalidité d'un homme ; Ainsi elles voudront s'en assurer en personnes sages avant que de serrer les nœuds d'un lien indissoluble ; ce n'est plus la coûtume de faire mettre les hommes nuds avant que de solemniser leurs mariages ; Platon le vouloit ainsi *. Ceux qui croyoient que c'étoit afin de voi la beauté & la belle disposition d'un corps se trompent ; ce n'étoit que pour voir

l'œi

* Lib. 5. Epigr. 41. † Ovid. de certe Amandi. lib.1 §. Ibid. * Plat. lib. 10. de legib.

l'œil par l'infpection des parties, fi l'homme ne vouloit pas tromper une femme ; Cela étoit d'autant plus néceffaire que tout
le monde n'étoit pas, & n'eft pas encore d'auffi bonne foi que le Pére de l'Empereur Galba, Suétone dit * qu'il étoit de
petite taille, & boffu, que cependant,
Livia Ocellina fille belle & riche en étoit
amoureufe à caufe de fa Nobleffe, mais
qu'il fe dévêtit, & lui montra l'imperfec-
tion de fon corps, de peur qu'elle l'igno-
rant ne fe trouvât trompée dans la fuite.
Je ne fçai d'ailleurs fi cette infpection fuf-
firoit, car il y a peu de filles qui fçachent
à quoi il tient qu'un homme foit capable
d'être marié ; Ce n'eft que par l'ufage
qu'elles s'en inftruifent ; † Mr. de Thou
rapporte que Charles de Quellenec, Baron de Pont en Bretagne, avoit époufé
Catherine de Parthenas, fille & héritiére
de Jean de Soubize, mais qu'il y avoit déja
quelque tems que la mére de fa femme lui
avoit fait un procès pour faire rompre fon
mariage, fous prétexte qu'elle prétendoit
qu'il étoit impuiffant ; Que fon procès
n'étoit point encore terminé lors du Maf-
facre de la S. Barthélemi, dans lequel il
fut tué ; que fon corps ayant été jetté
comme les autres, devant le Louvre ; &
expofé à la vûe du Roi, de la Reine, &
de toute la Cour, un grand nombre de
Dames qui n'avoient point d'horreur d'un
fpectacle fi cruel, & qui regardoient cu-
rieufement & fans honte, ces corps tout

F 6

nuds,

* In Galb. cap. 3. † Thuan. Hiftor. lib. 52.

nuds, jettérent particuliérement les yeux sur le Baron de Pont, & l'éxaminérent avec soin pour voir si elles pourroient découvrir la cause ou les marques de l'impuissance qu'on lui avoit reprochée. Je doute qu'avec toute leur application à éxaminer ces objets elles en ayent été plus sçavantes sur ce sujet. Les Dames Romaines ne se contentoient pas de la vûë, elles jugeoient des hommes sur un témoignage plus sûr, sur la force & sur l'adresse qu'ils faisoient paroître dans les jeux publics. Il ne falloit que cela pour être regardé par une femme Romaine comme un homme accompli. * *Sed gladiatorem fecit hos illos Hyacinthos* ; ces précautions ne sont point inutiles quand on songe que c'est pour toute sa vie qu'on s'engage, car nous ne sommes plus au tems qu'on faisoit des Contracts de Mariage *ad tempus*. Comme celui que Mr. de Varillas § dit avoir vû dans la Bibliothéque du Roi, fait entre deux personnes de qualité du Comté d'Armagnac, pour sept ans seulement, se réservant néanmoins la liberté de le prolonger s'il étoit trouvé à propos.

4. Il arriveroit que des femmes qui auroient eu trop de vertu pour commencer leur mariage *ab illicitis*, & par un crime, & qui ne pourroient demeurer toute leur vie dans l'inaction près d'un phantôme de mari, seroient contraintes de faire du vacarme pour en être séparées Une honnête

---

* Tacit. Annal. lib. 4. cap. 53. † Plin. Epist. 18. lib. 8. § Voyez Valesiana pag. 17.

te femme ne trouve sa consolation que dans
un époux , comme le disoit Agrippine à
Tibére lors qu'elle lui demandoit un mari ; En effet , quand une femme n'est point
honnête elle trouve suffisamment hors du
mariage de quoi contenter la nature ; on
rencontre rarement des femmes de l'humeur de celles de Domitius Tullus dont
Pline fait l'histoire dans l'une de ses Epîtres , & qui est rapportée avec des Réfléxions enjouées , * par Mr. Bayle dans l'ar-
ticl: d'Afer. Ce qui est rapporté dans le
Ménagiana est assez le goût commun des
femmes. Il y est dit que dans une compagnie d'hommes & de femmes , on s'en-
tretenoit de l'air que devoient avoir un
homme & une femme pour être bien faits ;
Quelqu'un dit que pour être bien fait un
homme devoit tenir de l'homme & sentir
son homme , & que pour les femmes il
n'aimoit point celles qui étoient homas-
ses , & moi , reprit une femme aussi-tôt ,
je suis de vôtre sentiment , je n'aime point
les hommes efféminez. On peut ajoûter
pour Commentaire de ces paroles qu'elles
n'aiment point les maris , tels que celui
dont parle Mr. de la Fontaine.

Qui mainte fête à sa femme alléguoit:
Mainte vigile , & maint jour fériable :
Les autres jours autrement s'excusoit
Sans oublier l'Avent ni le Carême.

Vierge n'étoit , Martyr , ni Confesseur
Qu'il ne chomât , tous les sçavoit par cœur , &c.
                                        Nous

Nous ne fommes plus au tems de Jean VI
Duc de Bretagne, qui difoit * qu'il tenoit une
femme affez fage quand elle fçavoit mettre différence entre le pourpoint & la che-
mife de fon mari. D'ailleurs, quand il y
en auroit encore de telles, il eft certain
que plus elles font groffiéres, & moins elles entendent raifon fur ce chapitre. Lors
que la nature parle & que la raifon ne la
retient point, elle veut être abfolument
obéie. Mr. de Varillas met en fait que
les femmes les plus fpirituelles ont toûjours
été les plus faciles. † Torquato Taffo a
fait un difcours exprès pour le prouver ;
Et Mr. de Voiture s'eft plaint d'avoir fouvent trouvé des Bergéres trop groffiéres
pour être trompées par un habile homme :
les plus fines entendent mieux raifon. De
forte que les groffiéres & les fines fe laiffent auffi difficilement tromper l'une que
l'autre, fur le chapitre dont il s'agit.

Je me fuis étonné en lifant l'extrait que
Mr. Bernard a fait du Recueil des Traitez de Paix, &c de voir qu'il y traite
de malheureufe Marguerite Ducheffe de
Carinthie, à laquelle l'Empereur Louïs
de Baviére a accordé des lettres de divorce d'avec Jean fils du Roi de Bohème pour
caufe d'impuiffance ; voici fes termes.
>> La piéce, dit-il, eft confidérable.....
>> par la maniére dont cette malheureufe
>> Prin-

* Bouchet Annales d'Aquitaine fol. 143. verfo. Dans
Bayle Réponfe aux queftions d'un Prov. tom. 1. pag.
423. † Voyez l'Hiftoire des Ouvrages des Sçavans,
mois de Septembre 1687. pag. 109. & 110.

» Princesse explique qu'elle en a usé , &
» par les soins qu'elle dit avoir pris pour
» faciliter à son mari les moyens de lui
» rendre les devoirs d'un véritable Epoux.
Il rapporte les termes dans lesquels la chose est conçûë , mais il dit qu'il ne les traduit pas.

Puis que j'ai dit que je me suis étonné ,
il est bon que je dise aussi la raison de mon
étonnement. D'un côté cette Epithéte
de *malheureuse* ne peut pas avoir été donnée par Mr. Bernard à cette Duchesse ,
pour avoir obtenu des lettres de Divorce,
car au contraire elle doit être réputée avoir
été bien-heureuse d'avoir été séparée d'un
homme impuissant ; non seulement la justice qu'on lui a faite à cet égard , mais
encore la délivrance d'un joug si pesant
méritoit qu'on la qualifiât bien-heureuse ,
plûtôt que malheureuse. Si Mr. Bernard
avoit parlé de cette Dame par rapport au
tems qu'elle étoit sujette à son mari , il
auroit eu raison de la traiter de malheureuse parce qu'elle l'étoit en effet ; mais
il en parle par rapport au tems de sa liberté, & en ce cas elle avoit été malheureuse , mais elle ne l'étoit plus. Mr. Bernard est un homme trop judicieux pour
avoir fait cette méprise ; c'est donc parce qu'elle a osé demander des lettres de
divorce , se plaindre de l'impuissance de
son mari , dire les raisons qui la justifioient
& les moyens par lesquels elle s'en étoit
convaincuë , & par lesquels elle en persuadoit ses Juges. Or Mr. Bernard est

trop

trop bon Théologien & trop bon Politique, & il sçait trop bien l'Histoire Ecclésiastique & Prophane pour ignorer que la Religion, la conscience, l'honneur & la pudeur, n'obligent point une femme qui n'a pas assez de courage naturellement pour souffrir le Martyre & pour se laisser mourir à petit feu, qui ne peut pas y suppléer par des souffrances volontaires & qui n'a pas la force de se mortifier par une longue & perpétuelle continence, à demeurer auprès d'un mari impuissant & incapable de lui rendre les devoirs de mari; s'il croyoit que la conscience & la Religion obligent une femme qui se trouve dans ce cas à y demeurer & à y garder un profond silence, il tomberoit dans l'Hérésie de ces Abeliens dont Saint Augustin réfute l'erreur dans le chapitre 87. de son Livre *des Héréssies.* S'il croyoit que l'honneur & la pudeur éxigent d'elle cette patience outrée, il donneroit dans la vision de ces fanatiques qui croyent qu'il vaut mieux souffrir la mort que de découvrir à un Médecin, ou à un Chirurgien, une partie secrette qui seroit attaquée ; & qui ont mis au nombre de leurs Saintes Marie fille de Charles le Hardy Duc de Bourgogne, mariée à l'Empereur Maximilien I, fils de Frideric III. Un cheval fougueux que l'on avoit donné à cette Princesse, la secoua & la fit tomber si rudement qu'elle en eut la cuisse rompuë ; elle en mourut n'ayant pû gagner sur sa pudeur d'exposer le haut de sa cuisse à la vûë

des

des Chirurgiens & des Médecins qui apparemment l'auroient pû guérir. Mr. Bernard feroit donc bien de s'expliquer un peu plus clairement au hazard de faire ses extraits un peu plus longs ; car on peut dire qu'il lui arrive quelquefois d'être fort obfcur , parce qu'il veut affecter d'être fort court. En attendant qu'il s'explique , je veux lui faire la juftice de croire qu'il n'a pas donné dans les fentimens que je viens de remarquer , mais qu'il a donné dans cette penfée de Mr. Boileau ; *

Jamais la biche en rut n'a pour fait d'impuif-
    fance
Traîné du fond des bois un cerf à l'Audience ,
Et jamais Juge entr'eux ordonnant le Congrès
De ce burlefque mot n'a fali fes Arrêts.

Si cela eft , il n'a pas pris garde qu'on a fait voir aux Moraliftes qu'ils fe trompent fort lors que pour donner de la confufion à l'homme fur fes défauts ils le conduifent à l'école des bêtes ; je le prierois d'en voir les preuves dans le Dictionnaire de Mr. Bayle , fi je n'étois averti qu'il ne lit point les Ouvrages de cet illuftre Auteur. Mr de Beauval † pourra donc le détromper fur ce fujet , & lui faire voir en particulier , que l'éxemple de la biche n'eft point jufte , s'il veut fe donner la peine de lire l'extrait que cet Ecrivain fçavant & judicieux a fait de ce Dictionnaire. Je dirai feu-

* Saty. 8. † Hift. des Ouvr. des Sçav. mois de Juillet 1696. pag. 506.

seulement , que si cette Duchesse de Carinthie , dont Mr. Bernard parle , étoit coupable , le corps de droit entier , mériteroit d'être condamné , il fournit aux femmes des actions & des loix contre leurs maris Eunuques , ou impuissans , au lieu que , selon la Théologie scrupuleuse de Mr. Bernard , il devroit reprimer l'incontinence de ces femmes , & s'écrier contre celles qui oseroient se plaindre.

CHAPITRE V.

Les Loix Civiles deffendent le mariage des Eunuques..

COmme le mariage d'un Eunuque ne peut pas subsister, il a été de la prudence des Législateurs de ne point permettre qu'il fût contracté. L'honnêteté publique , ni la Justice , ne veulent pas qu'on laisse faire des choses qu'elles ne peuvent pas laisser subsister ; * *Dirimunt matrimonium contractum, impediunt matrimonium contrahendum.* C'est une maxime que les Canonistes qui ont écrit sur le chapitre unique *de Sponsalibus & Matrimoniis* ont solidement établie. † Elle est conforme à la disposition du Droit Civil , il deffend de faire les fiançailles avec les personnes

* Sext. Decretal. lib. 4. tit. 1. † L. 60. ff. lib. 23. tit. 2. de ritu nupt. §. 5.

onnes entre lefquelles il empêche de contracter mariage. *Quamvis , dit-il , verbis
rationis cautum fit , ne uxorem tutor pupillam
uam ducat , tamen intelligendum eft ne defpon-
eri quidem poſſe ; Nam cum quâ nuptiæ con-
rahi non poſſunt , hæc plerùmque ne quidem
eſponderi poteſt. Nam quæ duci poteſt , jure
eſpondetur ; l'argument eft à peu près pa-
eil , à Nuptiis permiſſis ad ſponſalia permiſſa ;
b iiſdem prohibitis ad eadèm ſponſalia inter-
icta ; à matrimonio valido ad matrimonium
ontrahendum ; & ab eodem invalido ad idem
nterdicendum.* Puis que le Contract de
ariage & les folemnitez qui fe font en-
uite , ne font & ne marquent autre cho-
e qu'une promeffe qui eſt faite entre deux
erfonnes , de fe rendre les devoirs de mari & de femme , il eft manifefte que ceux
qui ne peuvent pas fe les rendre ne doivent
pas fe marier , & que les mêmes raifons
qui diffoudroient le mariage s'il étoit contracté , doivent empêcher qu'on ne le
laiffe contracter en effet ; L'Empereur
Leon qui a décidé nettement le cas * , eft
allé bien plus loin ; car non feulement il
a deffendu aux Eunuques de fe marier ,
ais même il a prononcé & donné une
peine contre ceux qui fe marieroient , &
contre celui qui les épouferoit ; c'eft dans
la Conftitution 98. qui a pour titre , *de
pœna Eunuchorum fi uxores ducant ;* Le motif de cette ordonnance eft très beau , c'eft ,
dit-elle , que ce mariage n'étant rien de
réel , on ne peut férieufement l'accompagner

* §. ſi adverſus Inſtitut. de Nuptiis.

gner des Cérémonies Sacrées qui font une partie de l'essence du mariage. Elle mérite d'être lûë toute entiére, & je la rapporterois fans en rien obmettre, fi elle n'étoit un peu trop longue par rapport à la bréveté de cet Ouvrage ; mais voici à quoi elle aboutit, *propterea fancimus*, dit-elle, *ut fi quis Eunuchorum ad matrimonium procedere comperiatur, & ipfe ftupri pæna obnoxius fit, & qui facerdos iftiufmodi conjonctionem profanato facrificio perficere aufus fuerit Sacerdotali dignitate denudetur.* ‡ L'Hiftoire dit qu'Augufte mit ordre à la confufion avec laquelle on avoit accoûtumé de voir les Jeux, il affigna à chacun la place qui lui étoit dûë, les hommes mariez entr'autres, ceux même de baffe condition y avoient la leur. † Mais Martial nous apprend que les Eunuques n'ofoient pas s'affeoir fur leurs bancs, ni fe mêler parmi eux. Voici comme il parle à Dydime, qui d'un ton fuperbe parloit des Edits de Domitien concernant les Théatres, & de l'efpérance qu'il avoit qu'ils feroient obfervez.

Spadone cùm fis eviratior fluxo
Et concubino mollior Celenao,
Quem fectus ululat matris Enthea Gallus,
Theatra loqueris & gradus & Edicta
Trabeafque & Idus fibulafque cenfufque,
Et pumicata pauperes manu monftras.
Sedere in equitum liceat an tibi fcamnis
Videbo, Didyme : non licet maritorum.

Ce

e Didyme avoit une femme, cependant
n ne la confidéroit pas comme un hom-
e marié, parce qu'il étoit Eunuque. La
onftitution de l'Empereur Leon n'étoit
as encore donnée, car on peut dire que
epuis ce tems il n'y a point d'éxemple
u'aucun Eunuque ait eu la permiffion de
  marier, excepté celui de Saxe Gotha
ont je parlerai dans la fuite. Toutes les
ociétez Eccléfiaftiques ne fe font pas con-
ntées d'improuver & de blâmer ces for-
s de mariages, elles les ont même ex-
reffément deffendus.

CHAPITRE VI.

a Religion Catholique Ro-
maine ne permet pas le ma-
riage des Eunuques.

A Religion Romaine qui confidére le
  mariage comme un Sacrement, n'a
arde de permettre qu'on prophane un de
es Myftéres. Quelques éxemples authen-
iques que je rapporterai ferviront de preu-
es à cet égard.

Bernard Automne, Avocat célébre
u Parlement de Bordeaux, rapporte dans
a feconde partie de fa Conférence du Droit
rançois avec le Droit Romain *, un cas
                                        qui

qui s'eſt préſenté de ſon tems au Parlement de Paris ſur ce ſujet. Il fait d'a-
bord quelques réfléxions ſur le paragraphe *Spadonum* de la Loi *Pomponius*, qui eſt
la ſixiéme ff. *de Ædilitio Edicto*, & il trouve étrange, avec raiſon, qu'Ulpien qui
eſt Auteur de cette Loi décide qu'un
homme auquel on a coupé un doigt de la
main, ou du pied, ſoit malade, ou comme il s'exprime, *morboſus*, & qu'un Eunuque auquel la partie du corps la plus
néceſſaire manque, ne le ſoit pas. Il dit
que cela le ſurprend, qu'il n'en voit pas
la raiſon. Que la cauſe de la génération
qui donne même le nom d'homme à la
perſonne qui la porte, étant retranchée
ce n'eſt plus un homme; qu'il lui ſemble
que qui de vingt parties en retranche une
fait moins de tort à la perſonne, que
quand de deux il lui en ôte une. Auſſi
ajoûte-t-il, le Parlement de Paris a jugé
par Arrêt du 5. Janvier 1607. en faveur
de Claudine Godefroy, qu'il y avoit juſte ſujet de ne point contracter mariage,
& de ne point paſſer outre à la célébra-
tion avec un homme avec lequel elle étoit
fiancée, parce que les Médecins & les
Chirurgiens aſſuroient dans leur rapport
qu'il n'avoit qu'un teſticule, quoi que même ils ajoûtaſſent qu'il pouvoit pourtant
engendrer. Le célèbre Etienne Paſquier
étant autrefois conſulté ſur un ſujet à peu
près pareil, répondit par cette Epigramme.

Esse virum tota conjux pernegat urbe,
  Naturaque alio teste carere dolet.
Officiat ne thoro sociali res ea, certè
  Nescio, at hoc scio quod te negat esse virum.
Contra probaturum jucundo tramite dicis
  Gaudia conjugii mille peracta tibi.
Quid garris? Binos cùm saltem jura requirant
  Uno te ne virum teste probare potest.

Il pouvoit y joindre l'Epigramme 99. du Livre septiéme de Martial, qui finit par ce Vers si expressif.

Vis dicam verum, Pontice, nullus homo es;

Les Dictionnaires de Furetiére & de Trévoux disent au mot *Eunuque*, qu'il a été jugé par Arrêt de la Grand-Chambre du 8. Janvier 1665. qu'un Eunuque ne pouvoit pas se marier, du consentement même des Parties. Les Auteurs de ces deux excellens Ouvrages ont tiré cet Arrêt du Journal des Audiences * & c'est encore ce même Arrêt qui est rapporté par Mr. Claude de Ferriére à qui le Public a l'obligation d'avoir mis en François la Jurisprudence Romaine, & de l'avoir conférée avec les Ordonnances Royaux, les Coûtumes de France, & les Décisions des Cours Souveraines. Il dit dans le tome prémier de sa Jurisprudence du Digeste,

* Liv. 6, ch. 1. † Voyez aussi l'Histoire des Ouvrages des Sçavans mois de Septembre 1690. art. 1. tom. 7 pag. 10. & suiv.

gefte, qu'un Eunuque reconnu pour tel, ne peut pas contraindre un Curé à célébrer fon mariage avec une fille qui y confent.

Le chapitre dixiéme du Livre quatriéme des Arrêts d'Anne Robert, qui ne traite que de la diffolution du mariage pour caufe de frigidité & d'impuiffance, montre que c'eft une Jurifprudence conftante, que les Eunuques ne peuvent pas fe marier.

Sixte Cinquiéme fit autrefois une Bulle qu'il envoya en Efpagne, par laquelle il déclaroit nuls les mariages des Eunuques.

Mais voici un fait hiftorique qui eft décifif fur ce fujet. Il eft rapporté par le docte Mr. Strik, fils de l'illuftre & célébre Mr. Strik, Profeffeur en Droit d Halle, le véritable Papinien de nôtre fiécle. * Il dit dans fa difpute *inaugurale* pour le Doctorat, dans laquelle il traite, *de matrimonii nullitate*, qu'étant en Italie il n'y a pas long tems, il a vû qu'un des principaux Muficiens du Duc de Mantouë nommé *Cortona*, ayant voulu époufer une fort jolie Muficienne qui étoit au fervice du même Prince nommée Barbaruccia, ils furent obligez d'en demander la permiffion au Pape qui la refufa abfolument & fans retour.

CHA

CHAPITRE VII.

La Religion Luthérienne, ou de la Confession d'Augsbourg, ne permet pas le mariage des Eunuques.

LEs Théologiens & les Jurisconsultes de cette Communion sont fort scrupuleux sur cette matiére, & leurs motifs sont tres judicieux & très conformes à la raison & à la Religion.

Gerhard, l'un de leurs plus grands Théologiens & qui a réduit presque tous les Ouvrages de Luther en lieux communs, dit précisément dans le lieu *de conjugio* *, qu'il ne doit pas être permis à une femme d'épouser un Eunuque. Le motif qui le porte à prononcer cette décision, est que le mariage ayant pour but principalement d'engendrer lignée & de se procurer une postérité, il ne faut pas le laisser contracter à des gens qui ne sont point capables de parvenir à ce but, & tels sont, dit-il, les Eunuques & les Spadons. Que quoi que quelqu'un d'eux ayant encore un chrémastere puisse connoître une femme ils ne sont point propres au mariage ; par-

G   ce

ce que bien loin d'engendrer des enfans, ils ne font pas même capables de fatisfaire aux defirs d'une femme, ni d'éteindre l'ardeur que la nature a allumée dans leur tempéramment. Le fecond motif de ce grand homme eft, qu'une femme ne trouvant pas dans la perfonne de fon mari la fatisfaction qu'elle fouhaite, elle tombe aifément dans le crime. Le troifiéme motif eft qu'une femme eft trompée par un phantôme de mariage, comme eft celui d'un Eunuque ; car foit qu'elle ait ignoré l'état de cet homme avant que d'entrer dans aucun engagement avec lui, foit qu'elle en ait eu connoiffance, & qu'elle ait eu pour lors meilleure opinion de fes forces qu'elle ne devoit, il eft certain qu'elle fe trouve toûjours trompée. Or les Loix doivent prévenir ces fortes de cas, & non feulement confeiller des femmes téméraires, mais même les empêcher de s'expofer à un danger évident.

La délicateffe de ces Théologiens va fi loin qu'ils ne permettent pas à un Hermaphrodite de fe marier, à moins qu'un féxe ne prévale fi vifiblement & fi confidérablement fur l'autre, qu'il n'y ait rien à craindre pour les fuites de fon engagement ; & fi cet Hermaphrodite fait difficulté de fe laiffer éxaminer par des Médecins, des Chirurgiens & des Matrônes, il fe rend fufpect dès là, & toute permiffion de fe marier lui eft refufée.

C'eft une maxime générale & conftante parmi eux, que l'impuiffance quelle qu'elle

qu'e'le foit, & de quelque caufe qu'elle procéde, rend un mariage contracté,
nul, le réfout, & empêche, lors qu'elle
eft connuë auparavant, qu'on ne permet-
te de le contracter. Il y a néanmoins une
exception à cette régle générale, c'eft que
fi cette impuiffance eft furvenuë depuis
qu'il eft contracté, par quelque accident
que ce foit, elle ne le diffout point. Cela eft fondé en Droit Civil, & en droit
Canon. * *Nihil enim tàm humanum effe videtur quàm fortuitis cafibus mulieris maritum,
& contra uxorem viri participem effe.* Le
Canon *quod autem* 27. *quaft.* 2 eft pofitif &
précis, *impoffibilitas coëundi*, dit-il, *fi poft
carnalem copulam inventa fuerit in aliquo, non
folvit conjugium ;* † *fi verò ante carnalem copulam deprehenfa fuerit, liberum facit mulieri alium virum accipere.* C'eft auffi le fentiment de Luther dans fon Traité *de vita
conjugali* §.

La Jurifprudence Eccléfiaftique, ou
Confiftoriale de cette Communion eft conforme à celle de leurs Théologiens. Carp-
zovius qui en eft l'oracle en rapporte des
décifions dans la Jurifprudence Eccléfiaftique, ou Confiftoriale. * Le nombre
deuxiéme de la définition feiziéme du titre premier porte précifément ces mots,
non permittendum mulieri ut Eunucho nubat.
J'avoüe que j'ai lû avec quelqu'étonne-
G 2 ment

ment dans l'extrait que le ſçavant Mr. de
Beauval vient de nous donner d'un Livre
de Mr. Brucknerus qui a pour titre, *Déciſions du Droit Matrimonial*, * Que le cas
s'étant préſenté à la Cour de S. A. E. de
Saxe, un Eunuque Italien ſon Chambellan
ayant épouſé une jeune fille qui étoit aver-
tie de ſon état, & du conſentement de
ſon pére, quelques Théologiens entrepri-
rent de troubler ce mariage comme nul
& invalide, & que d'autres le prétendi-
rent bon & valable ; mais que le Souverain ayant vû les avis partagez, avoit con-
firmé le mariage ſans tirer à conſéquence
pour l'avenir. On peut dire au ſujet
de cette diſcorde de ſentimens entre les
Théologiens de l'Electorat de Saxe, ce
que ce même judicieux Auteur, Mr. de
Beauval, dit ailleurs † en parlant des divers Conciles qui s'aſſemblérent au ſujet
de la Secte des Valéſiens ; *Divers Conciles,
dit-il, s'aſſemblérent là-deſſus & augmenté-
rent le déſordre par la contradiction de leurs
Decrets. Tant il eſt vrai, ajoûte-t-il, à la
honte de la raiſon humaine, que la dévotion la
plus bizarre & la plus ridicule, treuve des
Deffenſeurs.* Il eſt certain, à la honte de
la raiſon humaine, que les ſentimens les
moins raiſonnables trouvent des gens qui
les ſoutiennent. Mais le cas que je viens
de rapporter, eſt un cas particulier qui ne
l'emporte pas ſur toutes les Déciſions publiques

<hr>

* Hiſt. des Ouvrages des Sçavans, mois de Février
1706. art 7. pag. 89. & ſuiv. † Ibid. mois de Décem-
bre 1691. art. 3. pag. 175.

bliques & générales , d'autant moins que
le Prince même qui l'a autorisé à déclaré que c'étoit sans tirer à conséquence pour
l'avenir. D'ailleurs , quand il l'auroit
autorisé purement & simplement il n'en
seroit pas plus valide , & cette permission
ne lui donneroit pas plus de force ; car
par la disposition du Droit , les mariages
deffendus par les Loix ne font pas moins
injustes & illicites , quoique le Prince
ait permis par rescript , de les contracter ,
parce que ces mariages étans contraires
aux Loix , le rescript qui a été obtenu portant permission de les contracter est censé
être subreptice , & avoir été obtenu du
Prince par surprise. * Voici les termes
de la Loi. *Precandi quoque imposterùm su-
per tali conjugio (Imò potius contagio) cun-
ctis licentiam denegamus ut unus quifque cogno-
fcat impetrationem quoque rei cujus est denega-
ta petitio, † nec si per fubreptionem post hanc
diem obtinuerit, sibimet profuturam.*

Au reste , il auroit été fort à souhaiter
que Mr. de Beauval , qui nous rapporte
ce cas , & qui raisonne avec tant de so-
lidité & de justesse sur toutes les matiéres qu'il traite , eut bien voulu nous dire son sentiment sur cette célébre question
du mariage des Eunuques ; on a fait grace
très souvent à sa modestie , j'en donne-
rai quelques preuves afin qu'on ne croye
pas que je le charge mal à propos d'une
obligation & d'une reconnoissance qu'il
ne doit point. Après , par exemple ,

G 3

qu'il

* Lib. 5. Tit. 8. Col. si nuptiæ ex rescripto petantur. l. 2.

qu'il a donné un extrait fort éxact & fort
judicieux du Traité de la Nature & de la
Grace, de Mr. Jurieu, il le finit par ces
paroles humbles, † que *comme cet Ouvrage*
est plein de Réfléxions très métaphifiques, on
lui pardonnera s'il a bronché quelque part.
Parle-t-il de la Réponfe d'un nouveau Con-
verti à la lettre d'un Réfugié pour fervir
d'adition au Livre de Dom Denis de Ste.
Marthe, intitulé, *Réponfes aux plaintes*
des Proteftans ; après avoir raifonné en habile Politique fur cette matiére, il fir it
par ces paroles modeftes ; *mais rentrons*
dans les bornes de notre territoire dont nous
avons tant réfolu de ne point fortir, & ne
faifons point de courfe dans la Politique fur
laquelle d'autres travaillent avec tant de fuccès.
Il s'excufe très-fouvent fous divers prétextes, comme on pourroit le voir par les
renvois que je mets à la marge *, & il s'excufe fous divers prétextes, & quoi qu'on
fçache qu'il eft très capable de manier
adroitement les matiéres qu'il rejette par
humilité, on a fait grace, je le répéte,
on a fait grace très fouvent à fa modeftie.
Mais ici il n'a point d'excufe, il s'agit
d'une queftion qui eft entiérement de fon
reffort, à moins qu'il n'ait cru que le fujet

† Hift. des Ouv. des Sçav. mois de Novembr. 1687.
pag. 321. Ibid. mois de Mai 1688. art. 4. pag. 35. Ibid.
mois de Juillet 1688. art. 10. Ibid. mois de Septembre
1688. pag. 38. Ibid. Octobre 1688. art. 13. Ibid. Janvier
1889. pag. 473. Ibid. Février 1689. art. 4. Ibid. Mars
1689. art. 1. pag 13. 16. Ibid. Février 1691. pag. 280.
Ibid. Août 1691. pag. 540. Ibid. Avril 1695. art. 5.

jet étant trop riche l'auroit engagé à fortir des bornes d'un extrait , & à faire un
Traité complet. Peut-être qu'il a vû que
c'étoit une matiére fi rebattuë , qu'il n'é-
toit pas néceflaire de la préfenter encore
au Public dans cette occafion , dans laquelle il ne fe propofe que de faire l'extrait du Livre qui lui tombe entre les
mains , & non pas de traiter à fond les
fujets dont il s'y agit. En effet , il dit *
que , *la queftion s'il eft permis aux Eunuques
de contraƈter mariage a été fouvent agitée.* Il a
raifon en cela à certain égard. Il eft vrai
que Melchior Inchoffer a fait un Ouvra-
gé *de Ennuchifmo* qui a été imprimé à Co-
logne in 8. en l'année 1653. Nous avons
la diflertation *de Eunuchis* de Gafpar Lois-
cherus imprimé à Leipfik in 4. en l'année
1665. On a vû un Sermon Anglo's de Samuel Smith fur la converfion de l'Eunuque
du chapitre huitiéme des Actes des Apôtres , imprimé à Londres in 8. en l'année
1632. Il y a un Traité de *Franc. de Amaya ,
Baëtici* , intitulé, *Eunuchus* , fur la Loi *Eunuchis v. c. qui teftamenta facere poßunt,* & qui
fe trouve dans fes obfervations imprimées
à Geneve in folio en l'année 1656. Il y
a un Traité de Marcell. Francolinus *de
Matrimonio fpadonis utroque tefticulo carentis* ,
imprimé à Venife in 4. en l'année 1605.
Il y a un autre Traité *de Eunuchis* ; de
Theophile Raynauld , dont Mr. Bayle fe
fert fouvent très à propos. La Lettre
112. de la Mothe le Vayer , qui fe trou-

ve

* Mois de Fevrier 1706, art. 5. pag. 89.

ve dans le tome onziéme de ses œuvres ; traite des Eunuques en général. Nous avons enfin la Dissertation de Saldenus *de Eunuchis*, qui est la sixiéme du Livre troisiéme de ses *Otia Theologica*. Et un Recueil de consultations & de décisions sur ce sujet, dont je parlerai dans la suite de cet Ouvrage. Mais je dirai pour ma justification, d'avoir entrepris de traiter de cette matiére après tant de grands hommes, & non pas pour réfuter ce que dit Mr. de Beauval, que la plûpart de ces Auteurs ne se trouvent plus que dans les Catalogues, ou dans les Bibliothéques, & que d'ailleurs ils traitent des Eunuques en général, & descendent peu dans le détail. La question dont il s'agit ici y est entr'autres fort rarement & fort briévement traitée. On en voit quelque chose dans les Ouvrages des Jurisconsultes, des Médecins, & des Théologiens, on y trouve quelquefois des préjugez qu'ils ont rapportez ; mais outre que tout ce qui y est ainsi répandu est fort succinct, on ne peut point dire qu'on puisse en induire une Jurisprudence, ou une Théologie Casuistique certaine & universelle sur le mariage des Eunuques.

CHAPITRE VIII.

La Religion Réformée ne permet pas le mariage des Eunuques.

IL n'est pas difficile de faire voir que la Religion Réformée ne permet pas le mariage des Eunuques. Il n'y a aucune autre Communion Chrétienne qui se soit déclarée aussi formellement qu'elle sur ce sujet, outre qu'il est tout à fait opposé à l'Esprit dont elle est animée, & à la Doctrine qu'elle professe, elle en a fait un Canon exprès de sa Discipline : Discipline que l'on sçait être le résultat, ou plûtôt la Quintescence de ses Synodes Nationaux. Cet article est le quatorziéme du chapitre treiziéme qui traite des mariages ; voici quels en sont les termes.

Comme ainsi soit que la principale occasion du mariage soit d'avoir lignée & de fuir paillardise, le mariage d'un homme notoirement Eunuque, ne pourra être reçû ni solemnisé en l'Eglise Réformée.

Le célébre Mr. de Larroque qui a fait voir la conformité de cette Discipline avec celle des anciens Chrétiens, montre que telle étoit la Jurisprudence de l'Eglise primitive. J'avouë que cette Discipli-

ne

ne ne faifoit loi qu'en France , mais depuis que l'Edit de Nantes y a été révoqué , que les Réformez ont été contraints d'en fortir , & que la plûpart d'eux fe font réfugiez dans le Brandebourg , Sa Majefté le Roi de Pruffe l'a autorifée dans fes Etats pour ce qui concerne les François qui y font établis * , & en a ordonné l'éxécution lors qu'on pourroit s'y conformer fans donner atteinte à fes Droits Epifcopaux ; de forte que c'eft une Loi en Brandebourg parmi ces nouveaux Sujets , auffi facrée qu'elle l'étoit en France. C'en eft une auffi parmi fes anciens Sujets , & parmi tous les Proteftans d'Allemagne. C'eft ce qu'on peut voir par un Livre imprimé à Halle en l'année 1685. & recueilli par Jérôme Delphinus , qui a pour titre , *Eunuchi conjugium , Die Kapaunen heyrath. Hoc eft fcripta & judicia varia de conjugio inter Eunuchum & virginum Juvenculam anno 1666. contracto , à quibufdam fupremis Theologorum Collegiis petita , pofteà binc inde collecta , ab Hieronimo Delphino C. P. Hala apud Melchicrem Delfchlagen* 1685. Et par la Décifion donnée fur le cas que j'ai rapporté dans le chapitre quatriéme de la feconde Partie.

La République de Geneve a reçû la même Jurifprudence , & divers cas qui s'y font préfentez font voir qu'elle y eft obfervée. Paul Cypræus dit dans fon excellent Traité *de Connubiorum jure* , ,, que cet

,, te

» te sage République a une Loi qui def-
» fend aux hommes de se marier avant
» l'âge de dix huit ans , & aux filles avant
» quatorze , & qu'il ne suffit pas de com-
» pter les années , mais qu'il faut avoir
» égard principalement à la vigueur du
» corps & du tempéramment, en ces ter-
» mes , *Qu'avec l'Age on ait égard à ce que
» la corporence portera. Il est vrai que les
Rélations du Levant nous apprennent ,
que les Banians Gentils de ce Païs, esti-
ment tellement la conjonction matrimo-
niale , qu'ils se marient presque tous dès
l'âge de sept ans ; & elles ajoûtent, que
s'ils meurent , comme il arrive quelquefois , avant que d'être mariez , la coûtume est de louer & de gager une fille qu'ils
font coucher avec le mort pour lui donner
cet avantage d'avoir été marié avant que
son corps fut brûlé selon la coûtume du
Païs. Mais Mr. le Vayer fait diverses réfléxions qui font voir que cette coûtume
n'est pas tout à fait vaine , & que s'ils se
marient à sept ans , ils sont capables du
mariage autant que d'autres Peuples le
font dans un âge plus avancé. La diverse
position des lieux , dit-il , rend nos tem-
pérammens si différens en toutes choses,
que Solin nous fera considérer des femmes qui deviennent grosses d'enfant à cinq
ans. Beato Odorico le confirme dans son
Itineraire ; & l'on a vû depuis peu de tems
dans le Royaume du Mogol une fille âgée

G 6

de

---

* Chap. 9 §. 2. num. 13. † Voyez les Oeuvres de
Mr. le Vayer Homelie Académique , Homel. 2.

de deux ans seulement qui avoit le sein gros comme une nourrice, & qui ayant eu ses purgations un an après, accoucha d'un garçon.

La même Jurisprudence Ecclésiastique est établie en Angleterre comme il paroît par le chapitre septiéme du titre *de matrimonio* * dans la Réformation des Loix Ecclésiastiques, faite prémiérement de l'autorité de Henri VIII. & achevée & publiée ensuite par Edouard VI., ce chapitre traite, *de his quæ matrimonium impediunt ; & voici ses termes, Quorum natura perenni aliqua Clade sic extenuata est, ut prorsus veneris participes esse non possint, & conjugem lateat quamquam consensus mutuus extiterit & omni reliqua ceremonia matrimonium fuerit progressum, tamen verum in hujusmodi conjunctione matrimonium subesse non potest, destituitur enim altera persona beneficio suscipienda prolis & etiam usu conjugii caret.*

Les Théologiens de Hollande & leurs Jurisconsultes distinguent, de même que tous les autres, les causes qui empêchent le mariage, en deux classes, *alia*, disent-ils, † (*impedimenta*) *à lege ; Illa sunt ætas immatura, mentis impotentia, corporis ad cohabitationem incapacitas ; Ista sunt à morbo incurabili, ut ex. gr. lepra ; à Culpa, à diversitate Religionis, à propinquitate sanguinis.* J'avoue pourtant que Voëtius qui est un des plus grands hommes qui ait été

dans

* Impress. Londini in 4. ann. 1640. pag. 40. 41.
† Voëtii Polit. Eccles. pars prima lib. 3. Tract. 2. de matrimonio sectio 2. cap. 1. quæst. 1.

dans les Provinces Unies depuis plusieurs siécles, me paroît hésiter sur le parti qu'il doit prendre au sujet du mariage des Eunuques. Il ne se détermine point à la vérité, & renvoye l'éxamen de ces sortes de questions aux Jurisconsultes & aux Juges auxquels il dit que la connoissance en appartient plus légitimement qu'aux Théologiens. Ce sont donc eux qu'il faut consulter, & comme le Droit Civil & le Droit Canon sont observez dans ces Provinces, au moins dans les cas qui ne sont pas déterminez par leurs Loix & par leurs Coûtumes, il est aisé de conclurre que le mariage des Eunuques n'y est point permis. Voici en un mot les cas, qui selon les Jurisconsultes, empêchent de contracter mariage.

Lepra superveniens, furor, ordo, sanguis &
    absens,
Lasaque Virginitas, membri damnum, mi-
    nor ætas,
Ac hæresis lapsus, fideique remissio, prorsus
Sponsos dissocians & vota futura retractant.

Fin de la seconde Partie.

TROI-

* Voyez de l'usage & de l'autorité du Droit Civil dans les Etats des Princes Chrétiens traduit du Latin d'Arthurus Duck, Jurisconf. Angl. liv. 2. pag. 134.

TROISIÉME PARTIE.

Dans laquelle on répond aux objections qui peuvent être faites contre ce qui est contenu dans la
seconde Partie de cet Ouvrage ;
& dans laquelle on les réfute.

CHAPITRE PREMIER.

Premiére Objection.

*Que la deffense de se marier ne
doit point être générale &
commune à tous les Eunuques,
parce qu'il y en a qui sont capables de satisfaire aux desirs
d'une femme.*

Réponse à cette Objection.

POur examiner cette Objection & pour
y répondre avec ordre, il faut voir
premiérement, de quelle nature sont
ces desirs auxquels un Eunuque est capable

ble de satisfaire, s'ils sont légitimes &
permis ; & en second lieu, quels Eunuques sont capables de satisfaire à ces desirs.

Arnobe * dit que les Eunuques sont fort
amoureux, *& majoris petulantiâ fieri atque
omnibus postpositis pudoris & verecundiâ fra-
nis in obscœnam prorumpere ullitatem ;* Térence le dit en d'autres termes, *Ph. insanis*,
dit-il, † *Qui ist huc facere Eunuchus potuit. P.
Ego illum nescio qui fuerit, hoc quod fecit,
res ipsa indicat.... P. At pol ego amatores
mulierum esse audieram eos maximos, sed nihil
potesse.* Mais pour ne point alléguer des
témoignages si anciens, le P. Théophile
Raynauld dit dans son Livre *de Eunuchis*,
qu'il a lû quantité d'exemples de commerce impur entre des femmes & des hommes mutilez, & il se moque de la confiance qu'on a en eux. André du Verdier
dit la même chose dans ses diverses le-
çons, à propos de quoi il rapporte la Sentence d'Apollonius de Tyanée contre un
Eunuque du Roi de Babylone qui fut
trouvé couché avec une des favorites de
ce Roi. Cependant, il est certain qu'un
Eunuque ne peut satisfaire qu'aux desirs
de chair, à la sensualité, à la passion,
à la débauche, à l'impureté, à la volupté, à la lubricité. Comme ils ne sont
pas capables d'engendrer ils sont plus propres au crime que les hommes parfaits,
& ils sont plus recherchez par les femmes
débauchées, parce qu'ils leur donnent le
plai-

* Lib. 5. † Terent. Eunuch. Act. 4. scen. 3.

plaisir du mariage sans qu'elles en courent les risques.

*Sunt quas Eunuchi imbelles ac mollia semper
Oscula delectent & desperatio barbæ
Et quod abortivo non est opus.

† Témoin cette femme de Petrone qui parlant à un homme qui fait cet aveu, *non intelligo me virum esse, non sentio, funerata est pars illa corporis quâ quondam Achilles eram*, s'exprime en ces termes, *Nunc etiam languori tuo gratias ago, in umbra voluptatis diutius lusi.* Cette femme étoit du caractére de cette Gellia contre laquelle Martial a fait cette sanglante Epigramme adressée à Pannicus, §

*Cur tantum Eunuchos habeat tua Gellia, quæris
Pannice, vult fu…… Gellia, non parere.*

C'est cette Gellia dont Martial fait ailleurs un si vilain portrait ; & des larmes de laquelle il parle de cette maniére,

*Amissum non flet, cùm sola est Gellia, patrem.
Si quis adest, jussa prosiliunt lacryma.*

§ L'Ecclésiastique dit, que celui qui viole la Justice par un jugement injuste, est comme l'Eunuque qui veut faire violenc à une jeune Vierge. On sçait qu'il y a e autrefois des Païs où les Princesses vier

ge

* Iuvenal. Satyr. 6. v. 366. † Cap. 89. ‡ Liv. 6
Epigr. 67. † Lib. 1. Epigr. 34. § Ch. 40. v. 2. y

ges étoient confiées à la garde des Eunuques. Le Sage compare la Justice à une de ces vierges, & les Juges à ceux qui auroient dû la garder avec une fidélité pleine d'un profond respect. Quelques Eunuques sont donc capables de satisfaire à quelques desirs d'une femme, mais tous ces desirs sont illégitimes & ne peuvent point être permis dans le mariage, *obscœna procul hinc discedite flamma !* * Une femme qui a ces desirs est une paillarde, & un Eunuque qu'elle souffre dans son lit est l'instrument de son crime. Voici la Sentence qui les déclare coupables l'un & l'autre ; † *origo quidem amoris honesta erat, sed magnitudo deformis ; nihil autem interest ex qua honesta causa quis insaniat ; unde & Xistus Pithagoricus in sententiis ; Adulter est, inquit, in suam uxorem amator ardentior ; In aliena quippe uxore omnis amor turpis est, in sua nimius. Sapiens judicio debet amare conjugem, non affectu ; non regnet in eo voluptatis impetus, nec præceps feratur ad coitum ; nihil est œdius quàm uxorem amare quasi adulteram.* Saint Jérôme prononce leur condamnation plus clairement & plus expressément ; *Liberorum ergò,* dit-il, *in matrimonio concessa sunt opera, voluptates autem quæ de meretricum amplexibus capiuntur in uxore sunt damnatæ.* Les Casuistes décident même fort précisément, que les mariages qui se font par amourette, comme on parle, sont très blâmables. Les mariages déréglez, disent-ils ;
sent-ils ;

* Ovid. Metamorph. lib. 9. † Causs. 31. quæst. 4.
c. origo. &c. liberorum ergò.

sent-ils, ont été la cause du déluge ; § les
fils de Dieu voyans que les filles des hommes étoient belles, prirent celles d'entr'elles qui leur avoient plû ; ces mariages
furent cause de la ruine de toute la terre.

Le desir légitime & permis d'une femme est d'avoir des enfans. * Donnez moi
des enfans, disoit la chaste Rachel à Jacob son mari. Didon se voyant sur le
point d'être abandonnée de son Ænée,
lui parle en ces termes, †

Saltem si qua mihi de te suscepta fuisset
Ante fugam soboles, si quis mihi parvulus aulâ
Luderet Æneas, qui te tantum ore referret
Non equidem omninò capta aut deserta viderer:

Je veux être mére, je veux engendrer des
enfans, & c'est pour cela que j'ai pris un
mari ; c'est-là le langage d'une femme
honnête & sage : & bien loin que, selon
les régles de la fausse pudeur de certaines
gens, elle soit blamable, lors qu'elle se
plaint de ce que son mari n'est pas capable de satisfaire à ses justes desirs, & qu'elle demande d'en être séparée, elle est a
contraire très digne de louanges de n
pouvoir se résoudre à faire toute sa vie le
actions d'une impudique ; § *volo esse mater*
volo filios procreare & ideò maritum accepi
sed vir quem accepi frigida natura est, & no
potest illa facere propter qua illum accepi. C'e

1

§ Genes. chap. 6. v. 2. * Genes. ch. 30. v. 1. †
Æneid. lib 4. § Vid. c. penult. & fin. 31. quæst. 7. fol
quæst. 31. q. 2. c. non enim 31. q. 1. c. tantum 32. q

il le but légitime du mariage. Il est vrai
qu'on n'y parvient pas toûjours ; il y a des
femmes stériles, mais on n'en sçait pas la
cause ; il ne manque rien à elles ; ni à leurs
maris, de ce qu'il faut pour engendrer,
l'un n'a rien à reprocher à l'autre, c'est
à Dieu qu'ils doivent demander des enfans : ils sont dans le cas de * Jacob, qui
disoit à sa femme lors qu'elle lui demandoit des enfans, *suis-je Dieu ?* Quoiqu'il
en soit, lors qu'on se marie, il faut suivre le conseil que l'Ange Raphael donnoit
à † Tobie, ,, Ecoutez moi, lui dit-il, &
,, je vous apprendrai qui sont ceux sur qui
,, le Démon a du pouvoir ; lors que des
,, personnes s'engagent tellement dans le
,, mariage qu'ils bannissent Dieu de leur
,, cœur, & de leur esprit, & qu'ils ne
,, pensent qu'à satisfaire leur brutalité com-
,, me les chevaux & les mulets, qui sont
,, sans raison, le Démon a pouvoir sur eux.
,, Mais pour vous la troisiéme nuit vous
,, recevrez la bénédiction de Dieu, afin
,, qu'il naisse de vous deux des enfans dans
,, une parfaite santé. La troisiéme nuit
,, étant passée, vous prendrez cette fille dans
,, la crainte du Seigneur, & dans le desir
,, d'avoir des enfans, plûtôt que par un
,, mouvement de passion, afin que vous
,, ayez part à la bénédiction de Dieu.

Tous les Eunuques ne sont pas capables
de satisfaire même à ces desirs impurs dont
je viens de parler ; les Jurisconsultes distinguent les Eunuques. *Quantùm inter est ;*
di-

---

* Genes. ch. 30. v. 1. † Tobie ch. 6. v. 16. & suiv.

disent-ils, *inter hæc vitia quæ Græci, κακον-
ετιαν, vitiositatem dicunt, interque παϑος id eſt
perturbationem, aut νὸσον, id eſt morbum, aut
ἀρρωςιαν, id eſt, ægrotationem, tantùm inter
talia vitia & eum morbum ex quo quis minus
aptus uſui ſit, differt ;* les uns péchent en
quantité d'humeur radicale , d'autres en
qualité, d'autres en quantité & en qualité tout enſemble ; & enfin , *ſin autem quis
ita ſpado eſt ut tàm neceſſaria pars corporis et
penitùs abſit, morboſus eſt,* dit la Loi 7. ff.
*de Ædilitio Edicto & Redhibitione , & quan-
ti minoris.* Mais de quelque nature qu'ils
ſoient , il ne leur doit point être permis
de ſe marier , parce qu'ils ne peuvent ſa-
tisfaire qu'à des deſirs impurs , illégitimes ,
illicites , & qui bien loin d'être approu-
vez, ne doivent pas même être tolérez.

CHAPITRE II.

Seconde Objection.

Le mariage est un Contract civil, par lequel il est permis à tout le monde de s'engager.

Réponse à cette Objection.

IL y a plusieurs causes pour lesquelles le mariage ne peut être contraint ; les Jurisconsultes en ont renfermé les principales dans ces trois Vers ;

Votum , vis, error, cognatio, crimen, honestas;
Relligio, raptus , ordo, ligamen & atas ,
Amens , affinis , si Clandestinus & impos,

Mais il faut entrer dans un éxamen plus particulier de cette matiére qui est digne d'attention;

C'est un principe en droit , que *Edictum Matrimonii est prohibitorium* , c'est-à-dire, que *Matrimonium cuilibet contrahere licet , cui non prohibetur.* Il n'est donc pas si généralement permis qu'il n'y ait des cas & des personnes auxquelles il soit deffendu.

Les

Les caufes qui empêchent le mariage font en affez grand nombre & de diverfe nature. Les unes font tirées également du Droit Civil, & du Droit Canon ; les autres émanent uniquement du Droit Civil, & les autres font établies particuliérement par le Droit Canon.

Celles qui font communes à l'un & à l'autre droit, font l'âge de puberté qu'on n'a point atteint ; la parenté ; l'alliance, la différence de Religion, l'impuiffance du mari, ou de la femme, & l'honnêteté publique.

Celles qui font particuliéres au Droit Civil, font l'état de la perfonne, fi elle eft efclave & qu'on ait crû qu'elle étoit libre ; le rapt, la puiffance qu'on a fur la fille, *propter periculum impreffionis five coactionis* ; l'inégalité du rang étoit auffi autrefois une caufe qui empêchoit le mariage, mais elle a été retranchée dans le Droit Civil nouveau, c'eft a dire, par les Conftitutions des derniers Empereurs. *Jure noviffimo inter eas perfonas nuptia non prohibentur.* *

Celles enfin qui font particuliéres au Droit Canon, font de deux fortes, les unes déclarent le mariage illégitime & inutile tout enfemble, tels font les ordres facrez qu'on a pris, le vœu folemnel qu'on a fait, ou la profeffion d'une vie réguliére, le rapt, & le crime ; les autres le rendent illégitime feulement, telles font les fiançailles contractées avec une autre femme;

____

: * Novell. 78. cap. 3. Novell. 117. cap. 6.

me ; le simple vœu, la deffense du Supé-
rieur ; le tems deffendu par l'Eglise ; la
parenté spirituelle qu'un maître contracte
en enseignant à une jeune fille les principes de la Religion ; l'hérésie, la péniten-
ce publique, & le crime : ce crime dont
le Droit Canon parle ici a diverses espéces. 1. L'inceste. 2. La mort qu'un mari a donné à sa femme pour en épouser une
autre. 3. La mort donnée à un Prêtre ;
le rapt fait de la promise d'un autre. 4.
Un mariage contracté auparavant avec une
Moinesse, ou une Religieuse.

Voilà donc beaucoup de causes qui empêchent de contracter mariage, de sorte
qu'on ne peut pas dire qu'il soit permis à
tout le monde, & toûjours, de le Contracter. L'impuissance du mari est une des
principales, aussi est-elle également établie par le Droit Canon, comme je l'ai
fait voir amplement dans la seconde partie de cet Ouvrage.

Cette Jurisprudence n'est pas particuliè-
re aux Contracts de mariage, elle s'étend
aux accords, aux Pactes, & à toute sorte de Contracts ; *Edictum Contractum est
prohibitorium*, c'est à dire, *omnibus contrahere licet quibus non prohibetur :* mais il est
défendu à certaines gens de contracter.
1. Par la nature, lors qu'ils ne sont point
capables de donner leur consentement,
tels sont les fous, les innocens, les furieux, les prodigues, qui sont mis au même rang que les furieux, les yvrognes
pendant qu'ils sont yvres ; les enfans en
bas

bas âge, les fourds & les muets. 2. Par la Loi, tels font les fils de famille ; le pére même auquel il n'eſt point permis de contracter avec fon fils qui eſt fous fon pouvoir ; une femme, un eſclave, un Gouverneur de Province, *propter periculum metus & impreſſionis.* * 3. Par les hommes, *ab homine,* par convention faite entr'eux, par éxemple, Mævius a vendu fon cheval à Titius à condition qu'il ne le revendroit point, ou que s'il le revendoit ce ne pourroit être qu'à certaines perſonnes, il n'eſt pas permis à Titius de le vendre à une autre. Mævius, en le lui vendant lui a impoſé la loi, *Rei enim ſua quiſque moderator eſt, & arbiter ; Rei ſua legem quiſque dicere poteſt.* 4. Enfin, par les Coûtumes des lieux où l'on fe trouve, par éxemple, *Donationem contrahere conjuges prohibentur ne promercalis inter eos amor fiat,* &c.

Il eſt des choſes comme des perſonnes, il n'eſt pas permis de contracter de toute ſorte de choſes ; il y en a dont la nature défend de contracter, d'autres, la Loi, & d'autres les accords faits entre les hommes ; les choſes Sacrées, Religieuſes & Saintes, font d'une nature à n'entrer jamais dans le commerce des hommes ; un homme libre, *liberi hominis contractus non eſt.* Les choſes impoſſibles. Certaines choſes font deffendues par la Loi, telles font celles par leſquelles le Public recevroit du préjudice, *ex quibus utilitas publica lædere-*
tur.

* L. in re mandata cod. mandati.

tur. Les choſes infames & mal-honnêtes qui ſont contre les bonnes mœurs. La ſucceſſion d'un homme vivant, *contractus de futura ſucceſſione viventis. Ab homine.* Par accord fait entre les hommes, par exemple; *ſi quis caveat ne vicinus quærat aquam in ſuo ſolo.* C'eſt donc une erreur de croire qu'il ſoit permis à tout le monde de contracter; Il eſt encore moins permis à tout le monde de contracter mariage. On dit communément que le Contract eſt le pére de l'obligation, *vulgò dicitur contractus pater obligationis, mater verò actionis, obligatio.* Tous ceux qui contractent ſont tenus de donner ou de faire ce qu'ils ont promis, *omnis obligatio vel in dando vel in faciendo conſiſtit, ac denißum,* diſent les Juriſconſultes, *niſi quis id, aut det, aut faciat quod daturum ſe facturumve promiſit, actione coram Magiſtratu propoſita, ad id co··· ·eſt;* ſans cela ce ſeroit un Contract frut.   ridicule. Comment un Eunuque peut-il s'obliger à procréer ligné   : Et quand il s'y feroit obligé, comment pourroit-on le contraindre à éxécuter ſa promeſſe ? Tout cela eſt impoſſible; or *ex ſui natura res quæ nec dari nec fieri ullo modo poteſt, in contractum deduci non debet; impoſſibilium enim nulla eſt obligatio;* voilà la régle de Droit; * *ſub conditione data, non data cenſentur, ceſſante conditione; itaque deficiente conditione contractus celebratus cenſetur reſolutus ab ipſo initio.* † On ſe marie ſous la condition que le ma-

H

r_i

ri engendrera lignée , s'il ne. peut l'engendrer le mariage eſt nul & réſolu. L'honnêteté publique veut donc qu'on l'empêche , & iſ vaut mieux le deffendre , que
d'être obligez enſuite à le caſſer , comme
je l'ai fait voir ailleurs.

CHAPITRE III.

Troiſiéme Objection.

Un Eunuque pouvant remplir tous les devoirs du mariage , excepté ceux qui concernent la génération , peut le contracter , parce que , conſenſus non concubicus matrimonium facit.

UN * ſçavant homme & bel eſprit tout
enſemble dit , qu'il faut ſur tout
qu'un homme ſçache ſon métier ; car ,
ajoûte-t-il , il eſt honteux qu'on diſe de
nous , que nous ſçavons tout excepté ce que
nous devons ſçavoir. On peut dire qu'il
eſt ridicule de prétendre qu'un mari ſoit
un bon mari, rempliſſant bien les devoirs

du

* Vigneuil Marville tom. 1. pag. 376.

du mariage, lors qu'il n'est pas capable
d'en faire les principales fonctions. Il
n'est pas d'un mari comme de ce boufton
dont le Cardinal du Perron a parlé. * Etant
à Mantoüe le Duc lui fit voir un boufton
qu'il difoit être *Magro Buffone*, *& non
Haver Spirito*. Le Cardinal répondit que
ce boufton avoit pourtant de l'efprit, & le
Duc lui ayant demandé pourquoi ? Parce,
lui dit-il, qu'il vit d'un métier qu'il ne fçait
pas faire ; le métier de mari n'est pas la
même chofe, on n'en vit point, lors qu'on
ne le fçait pas faire ;

    † *Nihil ibi per ludum fimulabitur, omnia fient*
        Ad Verum.

Quand cela n'est point une femme fouffre
beaucoup, une nuit lui paroît bien longue,

    § *O nox quàm longa es quæ facis una fenem !*

Témoin les angoiffes & les fueurs froides
de cette femme dont parle Martial *,

*Cum fene communem vexat fpado Dyndimus
    Eglen
       Et Jacet in medio ficca puella toro ,
Viribus hic operi non eft, hic utilis annis.
       Ergo fine effectu prurit uterque prior.
Supplex illa rogat pro fe miferifque duobus,
      Hunc Juvenem facias, hunc Cytherea virum !*
          H 2   Ce

* Perroniana pag. 44. † Juven. Satyr. 6 v. 324.
325. § Martial. Epigr. 7. lib. 4. * Lib. 11. Epigr. 81.

Ce n'eſt donc pas dans la pratique qu'on trouve la vérité de cette maxime, * *Conſenſus non Concubitus matrimonium facit.* Voyons en quel ſens, & de quelle maniére on la trouve dans la Théorie.

Les Juriſconſultes mettent une grande différence entre le conſentement qui ſe donne aux fiançailles, & celui qui ſe donne aux nôces ; l'un ne conſiſte qu'à promettre de célébrer les nôces, & l'autre conſiſte à promettre qu'on conſommera le mariage. † *Aliud eſt*, diſent-ils, *Nuptias contrahere, aliud ad Nuptias contrahendas ſe ſe obligare.* L'un de ces conſentemens fait une paction, *de futuro conjugio.* L'autre au contraire en fait une *de præſenti.* Dans l'un ce n'eſt qu'une promeſſe *de accipienda uxore ;* Dans l'autre c'eſt l'éxécution de cette promeſſe, *uxor accipitur. Promiſſio prius facta verbis, rebus ipſis, & factis ratificatur.* Il y a autant de différence entre ces deux conſentemens, qu'il y en a entre la promeſſe & l'éxécution. Dans l'un l'homme ne conſent pas d'être auſſi-tôt mari & de conſommer le mariage, il promet ſeulement de le devenir. Mais dans l'autre, l'homme *eo ipſo momento maritus fieri vult, & eo animo & deſtinatione conſentit ut ſit matrimonium.* Il promet de le conſommer ; c'eſt au premier de ces deux cas qu'il faut appliquer la maxime dont il s'agit ici.

Mais voici le ſens véritable de cette maxime, & l'application qu'il en faut faire.

Elle

---

* L. 30. ff. de diverſ. Regul. jur.   † L. ſi pœnam ff. de verbor. obligationib.

Elle signifie que la simple cohabitation ne fait point l'essence du mariage ; il ne suffit pas d'avoir connu charnellement une femme pour en conclure qu'on est marié avec elle, le consentement de l'un & de l'autre d'être marié ensemble, est absolument nécessaire. Ce consentement n'est point celui que ces deux personnes se donnent mutuellement de se connoître l'une l'autre, *consensus cohabitandi & individuam vitæ consuetudinem retinendi facit conjugium*, selon le sentiment des Jurisconsultes ; ce n'est donc ni le consentement seul, ni la cohabitation seule, qui font séparément le mariage., c'est l'assemblage de tous les deux. D'ailleurs, le consentement dont il est ici question, *ad Nuptiarum probationem, sed non ad Nuptiarum substantiam, pertinet*. Le but de cette maxime n'est pas de déclarer en quoi consiste l'essence du mariage, mais à quel tems il faut le fixer, & de quel moment il faut compter qu'il est contracté. *Non ex concubitu nuptiæ satis probantur, sicuti & retrò secubitu matrimonium non dissociatur, seu separatione Thori aut habitationis.* Ces unions & ces séparations ne concluent rien ; il y a des conjectures plus certaines établies par les Jurisconsultes pour juger de la consommation du mariage ; ils les tirent *ex comparatione personarum, ex vitæ conjunctione, ex vicinorum opinione, ex deductione in domum mariti ; ex aqua & ignis acceptione, ex dotalibus instrumentis, seu tabulis nuptialibus, seu testatione*, ce qui, au rapport de Busbeque, fait par-

mi

mi les Turcs , la différence de la femme
& de la concubine. Mais tout cela n'eſt
point l'eſſence du mariage , ce ſont des
conjectures , ou des preuves , par leſquelles on peut juger qu'il y a un mariage
contracté entre certaines perſonnes. Si le
mariage ne conſiſtoit que dans le conſentement on pourroit bien dire comme cette femme qu'Ovide fait parler ,

Si mos antiquis placuiſſet matribus idem ,
   Gens hominum vitio deperitura fuit.
Qui que iterùm faceret generis primordia noſtri
   In vacuo lapides orbe ſpandus erat.

CHAPITRE IV,

Objection quatriéme.

Quand on ne peut pas être au-près d'une femme comme ma-ri, on doit y être comme fré-re, & habiter avec elle com-me avec une sœur.

Réponse à cette Objection.

CEtte objection est fondée sur le cha-pitre *Laudabilem est infrà* *, qui contient ces mots, *quod si ambo consentiant simul esse, vir etiam & si non ut uxorem, saltem habeat ut sororem;* la glose sur ces mots *ambo*, dit précisément qu'il faut que l'un & l'autre consentent, *quia cum nullum sit matrimonium non tenetur alter alteri.*

Deux réflexions détruiront l'objection fondée sur ces paroles. La prémiére, qu'elles sont rélatives à la faculté qui est donnée à la femme de faire résoudre son mariage , après que pendant un certain tems elle s'est assurée de l'impuissance de son mari ; elle peut faire casser son maria-ge,

H 4

* Capitul. 5. Decretal. lib. 4. tit. 15. de Frigidis & Maleficiatis.

ge, à moins que l'un & l'autre ne veüil-
lent bien habiter ensemble comme frére
& sœur. Il paroît donc par là qu'il s'agit
d'un mariage contracté, & non pas d'un
mariage à contracter. Qu'il s'agit d'un
homme reconnu impuissant après une longue expérience, & non point d'un Eunuque qui est notoirement impuissant, &
qui ne peut par aucun ressort de la nature, ni par aucun artifice de l'art devenir
jamais capable d'engendrer.

La seconde réfléxion consiste en ce qu'il
faut que l'une & l'autre des parties con-
sente de rester ensemble sur ce pied de
frére & de sœur ; ce qui montre qu'il n'y
a plus de lien entr'eux ; que le premier consentement qu'ils ont donné à leur union
n'ayant pas produit l'effet pour lequel il
avoit été donné, il est naturellement &
ipso facto révoqué. Qu'il en faut un nouveau donné sur connoissance certaine de la
personne ; qu'alors ce n'est plus un mariage, mais une union de support qui ne peut
être qu'onéreuse à la femme ; car enfin,
le doux nom de sœur n'est pas capable de
consoler de la perte des avantages de la
qualité de femme. Quand on est une fois
marié on ne s'aime plus qu'entant qu'on
est mari & femme. Comme cette Biblis
dont Ovide n   it l'histoire, une femme n'aime po   l'être appellée sœur par
un homme qui tient lieu de mari.

* *Jam Dominum appellat, jam nomina sanguinis*
   odit
Biblida, jam mavult, quàm se vocet ille sororem.

En un mot, cette objection tombe d'elle-
même, puis qu'elle ne concerne que des
mariages contractez avec des hommes re-
connus impuissans par l'usage ; & qu'il s'a-
git ici de sçavoir s'il doit être permis à des
Eunuques connus pour tels, de contras-
ter mariage.

* Metamorphos. lib. 9. v. 465.

CHAPITRE V.

Cinquiéme Objection.

Si le Mariage devoit être deffendu aux Eunuques parce qu'ils ne peuvent pas engendrer, il devroit l'être aussi aux personnes âgées que la vieillesse rend incapables de faire les fonctions du mariage ; & ne leur étant point deffendu, il ne doit point l'être aussi aux Eunuques.

Réponse à cette Objection.

CEtte Objection est fondée sur un faux principe, sçavoir qu'on n'a droit d'être marié qu'entant qu'on est capable d'engendrer ; si cela étoit, dès qu'un mari & une femme n'engendrent plus, ou lors que la femme est stérile il faudroit les démarier. Ce principe & la conséquence qui s'en tire naturellement sont si absur-

des,

des , qu'il suffit de les propofer pour les
faire rejetter.

Si cette Objection n'eft point fondée
fur ce principe elle eft encore moins foû-
tenable ; car un homme , à moins que
d'être retourné en enfance , ou que d'ê-
tre attaqué de quelqu'infirmité capitale ,
eft capable d'engendrer dans quelqu'âge
qu'il fe trouve. On voit mille éxemples
dans le monde de vieillards qui ont eu des
enfans à l'âge de quatrevingt & dix ans ,
qui eft l'âge le plus avancé de l'homme ;
de forte qu'on peut dire qu'un homme
bien conftitué peut engendrer toute fa vie ;
cependant s'il étoit tellement décrépit
qu'il ne pût faire aucune fonction du mariage , qu'il fût comme un Eunuque , j'a-
voüé qu'il agiroit contre l'inftitution du
mariage, & que le Magiftrat , ou fes Supérieurs Eccléfiaftiques feroient très bien
de l'en empêcher en lui repréfentant ce
qu'Ajax dit à Ulyffe dans les Métamor-
phofes d'Ovide ,

Debilitaturum quid te petis Improbe munus ?

Qu'il va faire comme le mâle des Alcyons
qui étant fi vieux qu'il ne peut fe remuer ,
s'apparie avec fa femelle & meurt en cet
état. A moins que cet homme n'eût
eu plufieurs enfans dans fa jeuneffe , où
qu'il eût eu une femme ftérile , en ce
cas il peut très légitimement , à mon avis,
époufer une femme d'un âge proportion-

né au sien, * parce que le feu de la jeunesse étant passé dans l'un & dans l'autre, & les inconvéniens que je remarquerai dans le chapitre suivant n'étans point à craindre, c'est proprement dans ce cas qu'un mari recevant beaucoup d'aide & de secours de sa femme il peut la regarder comme sœur, s'il ne peut la regarder comme femme, puis que lui ni elle ne peuvent point procréer lignée.

Mais la principale raison est, que les gens auxquels on n'a que la vieillesse à reprocher, auroient pû, peut-être, engendrer, & ont, peut-être, effectivement engendré dans leur jeunesse ; ils ont donc la faculté d'engendrer, mais ils n'engendrent point en effet ; l'âge est en eux un obstacle plus puissant que la nature qui les avoit rendus capables d'engendrer. Or ne voit-on pas que la nature fait souvent des efforts, ou que la Providence lui donne des forces par le moyen desquelles elle surmonte les obstacles de l'âge. † Je ne rapporterai point la Fable du bon Vieillard Hircus qui pria trois Dieux qui vinrent chez lui de lui donner un fils, quoi que sa femme fût déja fort avancée en âge, ce qu'ils lui accordèrent ; les Sçavans croyent que c'est l'histoire d'Abraham & de Sara, déguisée ; mais j'alléguerai le témoignage de Valesque de Tarente qui dit, comme une chose fort merveilleuse, dans son *Philonium*, qu'il a vû une femme qui

* Ovid. fast. lib. 5. † St. Romuald. Trefor Hist. & Chronol. in fol. tom. 1. pag. 93. § Ibid. pag. 231.

qui avoit ſes mois à l'âge de ſoixante ans, & qui eut un fils à l'âge de ſoixante-ſept ans. Et le témoignage de Mauricius Coceus, qui dit dans ſon Commentaire ſur le premier Livre d'Hypocrate touchant les maladies des femmes, qu'il a appris qu'une Demoiſelle a eu ſes mois étant âgée de ſoixante & dix ans , & qu'elle avoit conçû un enfant bien formé, dont elle avoit avorté pour avoir été trop agitée du mouvement d'un Coche dans lequel elle avoit été. La Loi *ſi major* au Code *de legitim. Hæred.* parle d'un enfant mis au monde par une femme qui avoit paſſé cinquante ans. Cornelia dont Pline parle , eut après ſoixante-deux ans Voluſius Saturninus qui fut Conſul. Et le Docte Joubert dit poſitivement , qu'une femme mariée à un Coûturier dans la Ville d'Avignon , nommé *André* , domeſtique du Cardinal de Joyeuſe , continua d'enfanter juſqu'à l'âge de ſeptante ans. Mais ſi la nature ne peut pas ſurmonter ces obſtacles, Dieu qui eſt le Maître de la nature , ne les ſurmonte-t-il pas ſouvent , en donna... des enfans à des femmes qui ont perdu l'eſpérance d'en avoir , * Sara, & Anne, qui depuis † fut mére de Samuel , en ſont des éxemples. Il donne , dit le Pſalmiſte , à celle qui étoit ſtérile la joye de ſe voir dans ſa maiſon la mére de pluſieurs enfans. § Le Prophete Eſaïe dit la même choſe , & l'expérience l'a juſtifié ſi ſouvent qu'il n'y a point lieu d'en douter. Il

* Geneſ. ch. 21. † 1. Samuel. ch. 1. § Eſaïe ch. 54. v. 1.

Il y a donc bien de la différence entre le mariage des Vieillards & celui des Eunuques. Dieu se sert souvent de moyens humains pour faire des Miracles. Les personnes fort âgées peuvent servir de moyens, mais les Eunuques n'ayant point ces moyens, ils ne peuvent point être des instrumens dans la main de Dieu pour faire ces miracles. Ainsi on peut dire que, ni naturellement, ni surnaturellement, ils ne peuvent point engendrer, & que par conséquent ils ne sont en nulle maniére, ni capables, ni dignes du mariage.

CHAPITRE VI.

Sixiéme Objection.

Quand la femme qui épouse un Eunuque sçait qu'il est Eunuque, & qu'elle n'ignore point les conséquences de son état, il doit lui être permis de l'épouser si elle le souhaite, parce que volenti non fit injuria.

Réponse à cette Objection.

CEtte maxime *Volenti non fit injuria,* est établie par le Droit Civil, & par le Droit Canon; l'un dit, * que *usque adeò autem injuria qua fit liberis nostris, nostrum pudorem pertingit, ut etiam si volentem filium quis vindiderit patri, suo quidem nomine competit injuriarum actio, filii verò nomine non competit, quia nulla injuria est qua in volentem fiat;* l'autre Droit dit que, *scienti & consentienti non fit injuria;* Elle est tirée de la Loi 145. ff. *de diversis regulis juris,* qui porte,

* L. 1. § usqu-adeo 5. ff. de Injuriis & famosis libellis lib 47. tit. 10. *Sext. decretal. lib. 5. tit. de regul. jur. Regula 25.

porte, que *nemo videtur fraudare eos qui sciunt & consentiunt* ; & elle est en quelque sorte expliquée par le §. *si intelligatur*. 6. de la Loi prémiére, *Dig. de Æditio Edicto.*

Si intelligatur vitium, morbus que mancipii ut plerùmque signis quibusdam solent demonstrare vitia, potest dici edictum cessare ; hoc enim tantùm intuendum est ne emptor decipiatur. Pour pouvoir conclure qu'une femme est trompée volontairement & de son consentement, il faut qu'il conste & qu'il apparoisse clairement & manifestement qu'elle n'a été ni induite, ni séduite ; qu'elle a sçû les défauts de l'Eunuque, & les incommoditez qu'elle en souffriroit, sans cela elle est trompée, & elle est trompée par surprise & non pas volontairement. J'ajoûte qu'il faut qu'une femme soit assurée de sa continence & de sa chasteté, qu'elle sçache que les défauts de l'Eunuque, & les incommoditez qu'elle en souffrira, mettront l'une & l'autre de ces deux vertus très - souvent à l'épreuve, & qu'elle pourra sûrement soûtenir toutes ces épreuves, sans cela, présupposé que *volenti non fiat injuria* le Magistrat ni ses Supérieurs Ecclésiastiques ne doivent point lui permettre de s'exposer à la tentation, & de se mettre dans un danger évident de tomber dans le crime comme je le ferai voir dans la suite de ce chapitre ; il ne doit point lui permettre par conséquent de se marier ; l'Objection tombe dans ce cas. Il y a d'autres exceptions à cette régle générale, que les Jurisconsultes rapportent ;

par

par exemple , *Si quis puellam volentem rapue-*
rit ; si quis filium volentem intervertat, Si quis
servum volentem corrumpat , & plusieurs autres semblables. Le sens véritable de cette maxime est, qu'une personne qui a con-
senti à l'injure qui lui a été faite , ne peut
point agir par action d'injure contre l'in-
juriant. Voici donc l'application qu'il
faut faire de cette maxime au cas du mariage d'un Eunuque. Lors qu'un mariage est déclaré nul par, ou à cause de l'impuissance du mari , il n'est pas seulement
condamné à rendre la dote qu'il a reçûë
de sa femme , pour laquelle il n'est point
admis ni reçû à faire cession de biens ,
mais aussi aux dommages & intérêts envers elle , & elle n'est point tenuë à la
restitution des bagues qui lui avoient été
données. Mais lors qu'elle a sçû , avant
que de l'épouser , qu'il étoit inspuissant ,
elle peut bien faire casser son mariage ,
ou plûtôt faire dire qu'il n'y en a point ,
mais elle ne peut pas intenter l'action
d'injure ou de dommages & intérêts , parce que *volenti non facta fuit injuria.* Elle
mérite qu'on lui fasse ce reproche d'Horace † *Prudens emisti vitiosum, dicta tibi est*
lex , insequeris tamen hunc & lite moraris
iniqua. C'est là la Jurisprudence universelle de tous les Païs. Mais pour répondre solidement & d'une maniére qui soit
sans replique à cette Objection , je ne
puis faire rien de mieux que de me servir

I   des

* Novell. 11. cap. per occasionem. 6. † Lib. 1.
Epist. 2, v. 18.

des termes du Docte Cypræus, tels qu'ils
font contenus dans les Articles 41. & 42.
du Paragraphe treiziéme du chapitre neuviéme de fon excellent Ouvrage, *de jure
connubiorum* ; en détruifant l'Objection ils
finiront auffi très dignement ce chapitre
& cet Ouvrage. » *Quæritur fi mulier fpado-*
» *ni vel Eunucho fidem dederit , non ignara*
» *eum hoc vitio affectum, vel poft fponfalia re-*
» *fciverit, eum virum non effe, & nihilomi-*
» *nus nuptias confummare cupiat, id ei conce-*
» *dendum fit ? Et fi quidem conftiterit eum ad*
» *commixtionem conjugalem inhabilem effe, nup-*
» *tius illi interdicendum & fponfalia diffolvenda*
» *exiftimaverim. 1. Quod lege Divina fpado-*
» *nes prohibeantur mariti fieri. Deuteronom.*
» *13. Itaque nec illis mulieres nubere poffunt.*
» *2. Quod & Imperatorum conftitutionibus id*
» *vetitum eft. 3. Quod ejufmodi conjugium Be-*
» *nedictionis non fit capax. 4. Quod nulla if-*
» *tarum caufarum propter quas conjugium à Deo*
» *inftitutum eft, hic locum habeat, 5. Prop-*
» *ter periculum, ne mulier alibi amori operam*
» *dare incipiat , (ut eft natura hominum procli-*
» *vis ad libidinem) & conjugio, cujus ufum nul-*
» *lum habere poteft, pro velamento turpitudi-*
» *nis utatur. Nec ad rem facit quod mulier fciens*
» *volens nuptias illas cupiat; Nam in re tanti mo-*
» *menti Magiftratus eft partibus confulere qui fuis*
» *commodis confulere non poffunt, cùm perire vo-*
» *lens audiendus non fit. Nam verendum eft, ut di-*
» *xi , ne mulier ejus pertæfa conjunctionis alium*
» *portum quærat quo fefe recipiat , ut Theogni-*
» *dis verbis, utar. Quibus incommodis Magi-*
» *ftratus*

* *L. 6. de Appellat.*

» ſtratum mederi oportet , uſque adeò ut etſi
» de viri vitio aut morbo non quæratur uxor,
» nihilominus hiſce nuptiis intercedere debeat.

Sed quid ſi mulier ſciens volens ſpadoni nupſerit , & matrimonium conſummatum ſit ?
Reſp. ſibi Imputare debet quæ ei quem ſcit virum non eſſe , nupſerit. Interim tamen matrimonium αγαμος γαμος , id eſt pro nullo ha-
bendum eſt , ut quod contra leges inter eas per-
ſonas coïerit , quæ matrimonio jungi non poſſunt. Quâ de Causâ etiamſi eum facti non pœ-
nitcat , nihilominus à viro diſcedere debere,
& ſi nolit , ſegregrandam eſſe exiſtimaverim.
Neque enim mulier prava & legibus prohibita
ſuâ conniventia recta efficere poteſt. Et conjugium confirmatur officio carnali, Verum an-
tequàm confirmetur , impoſſibilitas officii ſolvit
vinculum conjugii. 33 Quæſt. 1. cap. 1. Verba
Auguſtini. Quamvis contra ſentiat Papa Ale-
xander , vel ut alii volunt , Lucius , cap requiſi-
viſti , 33 Quæſtione prima , qui vult eas quæ pro
uxore haberi non poſſunt, pro ſororibus haben-
das ; quod vix eſt ut defendi poſſit , idque
propter illas , quas commemoravimus cauſas.

F I N.